쑝선생의
독종영어

쏭선생의 독종영어

마음만 먹으면 누구나 할 수 있는 영어공부 희망 프로젝트!

송용진 지음

지식프레임

프롤로그

영어, 초딩 실력도 안 됐던 나도 해냈다!

"What is your English name?"
"My…my…my…n··na…nam…name…is…s…s…s…s…o… 버벅 버벅."
"Aha~ your English name is Sssong~"

"참~ 대단하다! 도대체 저 학생이 누구지? 얼마나 영어를 못했으면 자기 이름 하나 대답하지 못할까? 지금까지 학교 다니면서 먹은 밥값이 아깝다, 아까워….”

아마 위 대화 장면을 보고 있으면 다들 불쌍하게 그리고 안타깝게 쳐다보면서 누구나 이런 말을 할 겁니다. 그렇죠? 그리고 진짜로 궁금해집니다. 과연 저 바보 같은 불쌍한 학생이 누굴까?

그런데 저 불쌍한 학생이… 바로 접니다. ^^;

누구든 잘 믿지 않을 겁니다. 불과 몇 년 전까지 학생들에게 영어를 가르치던 선생의 과거가 저렇다는 것을요. 올해가 2009년이니 제가 영어와 인연을 맺은 지 벌써 9년이 되어가네요.

대학교 때 한 교수님의 유학생활을 우연히 듣게 되면서 유학이란 막연한 꿈을 마음속에 간직했습니다. 푸른 하늘 아래 고풍스러운 건물, 넓은 잔디밭에서 학생들이 토론을 하고 그 사이를 자전거를 타며 지나가는 그런 꿈이었죠. 그러나 졸업 후 직장생활을 하면서 그것은 그저 꿈일 뿐이었고, 일로 정신없이 하루하루를 지냈습니다.

그러던 어느 날, 사무실에 전화 한 통이 걸려왔습니다. 외국에서 걸려온 전화였습니다. 얼떨결에 전화를 받고 바들바들 떨면서 "헤, 헤, 헬, 로 로…"를 중얼거렸지만, 이미 외국인은 전화를 끊은 뒤였습니다. 그렇게 "띠-띠-띠-" 신호음만 들려오는 수화기를 들고 서 있는 내 모습을 직장 동료들은 측은하게 바라보았습니다.

영어를 잘 못하는 대한민국의 평범한 직장인이라면 누구나 한번쯤 겪는 그런 수모를 몇 번 당하면서 저는 대학 때 간직했던 그 꿈, 유학의 꿈을 다시 생각하게 되었고 본격적인 영어공부를 준비했습니다.

그때까지만 해도 저에게 영어란 무엇이었을까요?
고등학교 1학년 1학기 때 영어를 포기하고 미술대학을 졸업한 저에게 영어란 말 그대로 남들 얘기였습니다. 학력고사 때 제가 체크한 영어 답은 모두 3번이었지요. 이후 대학교 1학년 때 교양영어 F를 받은 것이 제 영어 성적의 전부였습니다.

저는 초등학교 영어부터 다시 시작한다는 마음가짐으로 필리핀에서 공부를 하기로 결심했습니다. 그 이유는 비용이 저렴하고, 1:1 수업도 마음대로 받을 수 있고, 무엇보다도 한창 일할 나이에 직장을 그만두고 영어공부를 한다는 주변의 따가운 시선을 피할 수 있어서였지요. 주위 사람들은 당시 제 실력으로 3년, 아니 5년을 공부해도 절대 유학을 갈 실력이 되지 못할 것이라고 호언장담을 했습니다.

그런데 제 생각은 달랐죠. 남들보다 3배 더 공부를 하면 남들 5년 걸리는 일을 1년 반이면 끝낼 수 있지 않을까 하는 매우 단순한 생각이었습니다. 그리고 꼭 영어를 정복하기 위해 정말 열심히, 쉬지 않고 공부를 했습니다. 새벽 4시에 일어나 밤 10시까지, 식사 시간을 제외하고는 하루 종일 영어 속에 파묻혀 살았습니다. 영어만 생각하고, 영어에 울고 웃고, 영어에 행복하고 영어에 좌절했죠. 심지어 꿈속에서조차 말입니다.

전화기를 붙잡고 떨면서 "헤 헤 헬 로 로~"하며 버벅대던 초등학생 수준의 제 영어 실력은 정확히 1년 7개월 만에 영국의 대학원에서 공부를 할 수 있을 만큼 되었습니다. 전화기를 붙잡고 떨고 있는 내 모습을 바라보던 동료들의 측은한 눈빛이 어느새 부러움의 눈빛으로 변했고, 그렇게 런던행 비행기에 몸을 실었습니다.

대학원 과정을 무사히 마친 뒤, 저는 우연찮게 필리핀에서 영어학원을 설립하고 학생들에게 영어를 가르치는 선생이 되었습니다.

영어를 고등학교 1학년 때 포기하고 학력고사 영어 답안을 모두 3번으로 찍었던 예고생이, 대학 교양영어에서 F를 받아도 전혀 양심의 가책이 없었던 한 미대생이, 영어는 전혀 남 일이라 믿었던 대한민국의 평범한 직장인이 영어를 가르치는 선생이 되다니 말이죠. 그렇게 저는 4년 동안 영어선생으로서 학생들과 동거동락을 하게 되었습니다.

"아~ 저 피아니스트는 타고 났어, 정말!"
"저 선수의 순발력은 하늘이 주신 것 같아!"

우리는 간혹 천재적인 소질의 소유자들에게 이런 찬사를 보내곤 합니다. 영어라는 언어를 습득하는 데 있어서도 역시 타고난 소질이 필요합니다. 영어를 잘하기 위해서는 언어감각이 뛰어나야 하고, 아이큐도 높아야 합니다. 이런 소질을 가지고 있는 학생들은 조금만 공부해도 쉽게 영어를 배우고 영어를 잘하게 됩니다. 그러나 불행히도 이런 것들은 모두 선천적인 능력입니다. 선천적인 능력이 있다는 것은 매우 큰 행운이지만 그렇다고 누구나 갖는 것은 아닙니다.

그렇다면 나머지는 무엇일까요? 바로 후천적인 노력입니다. 만약 이런 선천적인 소질이 있는 분이라면 이 책을 볼 필요도 없을 것입니다.

만약 독자 여러분이 이런 선천적인 소질의 소유자가 아니라면, 그런데 영어는 정말 잘하고 싶다면 꼭 이 책을 정독해보시길 바랍니다. 그러면 희망이 보일 것입니다. 바로 이 책을 쓴 제 자신이 언어적 감각이 없고 아이큐도 매우 낮은, 지극히 평범한 사람이기 때문입니다.

누가 그러더군요. 영어는 그저 단순하게 암기하고 반복하는 길, 그것만이 유일한 길이라는 겁니다. 머리를 써야 하는 수학이나 과학이 아니라, 그저 단순히 암기하고 반복하면 되는 암기과목이라는 말입니다. 그 한마디에 저는 용기를 얻어 영어공부를 시작했습니다. 암기과목 공부하듯 미친 듯 쉬지 않고, 그렇게 1년 7개월 동안 공부를 했죠. 그렇게 하다 보니 나름대로 노하우도 생기고 영어공부에 대한 이론도 세울 수 있었습니다.

이 책은 영어 왕초보였던 제가 영어를 처음 시작할 때부터 대학원 입학 관련 영어시험을 준비했을 때까지의 과정, 그러니까 기초부터 고급까지의 영어공부 방법을 레벨별, 영역별로 정리한 것입니다.

또한 필리핀에서 영어공부를 했던 연수생으로서, 필리핀에서 학생들을 지도했던 영어선생으로서의 제 경험이 모두 담겨 있습니다. 그렇기에 지금 어학연수를 준비하고 있는 학생들에게는 큰 힘이 되어줄 수 있으리라 생각합니다.

이외에도 영국의 대학원에 입학하면서 졸업할 때까지의 유학영어도 영역별로 정리해보았습니다. 앞으로 또는 곧 유학을 계획하고 있는 분들께 알토란 같은 정보가 되리라 믿어 의심치 않습니다.

마지막으로, 지금 영어공부의 시작을 놓고 망설이는 분들께 희망과 용기를 드리고 싶은 게 제 바람입니다. 후회에는 두 가지 종류가 있답니다. "아~ 할걸~"과 "아~ 하지 말걸"이란 후회죠. 저 역시 9년 전에 영어공부를 시작할 때 많이 망설였습니다. 그런데 왠지 그때 못하면 평생 못할 듯싶어 과감하게 결심을 했고, 그 용기 때문에 이렇게 책까지 내게 되었죠. 만약 그때 결단을 내리지 못했다면 저는 지금도 "아~ 그때 할걸~" "아~ 그때 공부를 했으면 지금쯤…"이란 후회를 평생 달고 살아갈 것입니다.

영어공부를 하신다면 꼭 믿어야 할 말이 있습니다. 영어는 아주 단순한 암기과목입니다. 뛰어난 머리가 필요한 것도 아니고, 높은 상식이 요구되는 것도 아닙니다. 그저 열심히, 독하게 공부하면 반드시 느는 것이 영어 실력입니다. 이 단순한 진리 하나만 믿어도 여러분들은 그 이상의 결과를 얻을 수 있을 것입니다.

2009년 9월
송용진

프롤로그 • 영어, 초딩 실력도 안 됐던 나도 해냈다!

Part 1 – 쏭선생, 영어에 굴욕당하다

1. 나도 폼 나게 유학이나 가볼까? ···017
2. 당신, 지금 나하고 장난하자는 거야? ···020
3. 내 인생 최대의 영어 굴욕 ···024
4. 난생처음 외국인에게 길을 가르쳐주다, 그러나… ···028
5. 실낱같은 희망, 영어는 암기과목이다! ···031

※ **Study point** | 영어공부는 깨진 독에 물 붓기? ···035

Part 2 – 쏭선생의 영어공부 워밍업

1. Where. 어디서 공부할 것인가? ···039
2. When. 언제부터 얼마나 공부할 것인가? ···042
3. What. 무엇을 갖고 공부할 것인가? ···045
4. Who. 누구와 공부할 것인가? ···048
5. Why. 왜 영어공부를 하는가? ···051
6. How. 어떻게 공부할 것인가? ···054
7. 영어의 바다로, 고고씽~! ···057

Part 3 — 쏭선생의 기초 영어 정복기 | 4개월 |

1. 평생 말할 "OK"를 하루에 다하다 …063
2. 개인 튜터를 만나다 …066
3. 3초 안에 영어로 말하기 …069
4. 말하고 듣지 못하는 단어는 내 단어가 아니다? …074
5. 왕초보 영어회화 따라잡기, 쇼~를 하라! 쇼!! …077
6. 리딩, 리스닝, 라이팅을 한 방에 잡아라! …081
7. 나도 모르게 내공이 쌓이는 나홀로 영화수업 …084
8. 난 수업 하러 쇼핑몰에 간다 …087
9. 영어공부 하겠다는데, 말 좀 걸면 안 되나? …090
10. 영어공부의 진정한 내공을 쌓는 시간 …093

   ※ Study point | 기초 영어 정복기의 하루 일과 …096
   ※ Episode in the Philippines | 디저트로 먹은 공포의 칼라만씨 …099

Part 4 — 쏭선생의 중급 영어 정복기 | 8개월 |

1. 몸과 마음이 지쳐가는 5개월의 고비 …105
2. 나의 꿈, 〈타임지〉를 읽다! …108
3. 고교필수 단어만으로도 회화는 가능하다 …112
4. 스피킹과 단어를 한꺼번에 잡는 법 …116
5. 발음은 그 사람의 첫인상이다 …122

6. 한국 신문을 번역하다 ···128

7. 리스닝, 그리고 영화는 계속되었다 ···133

8. 좀 더 오래, 좀 더 길게 영어로 얘기하자! ···136

9. 가장 중요한 저녁공부 자습시간 ···139

※ Study point | 중급 영어 정복기의 하루 일과 ···145

※ Episode in the Philippines | 무식이 죄, 변태 연수생이 되다 ···148

Part 5 — 쏭선생의 고급 영어 정복기 | 7개월 |

1. 고급 영어를 위한 새로운 시작 ···153

2. 리스닝, 연음을 정복하라! ···159

3. 리딩의 정석, 요점을 파악하자 ···163

4. 매일 매일 논문을 쓰다 ···168

5. 준비된 스피킹만이 살 길이다! ···172

※ Study point | 고급 영어 정복기의 하루 일과 ···185

Part 6 — 영국 유학생이 된 쏭선생

1. 어, 이상하다? 영어가 왜 안 들리지? ···191

2. 나? 이제 유학생이라 불러다오~ ···199

3. 영어 수업, 키워드를 캐치하라! ···202

4. 리딩에 발목을 잡히다 ···205

5. 두근두근 첫 프레젠테이션 ···208
6. 유학의 마지막 고비, 논문 쓰기 ···212
7. 드디어 학위를 받다 ···216
 ※ Study point | 유학의 성공 포인트는 '리딩' ···219
 ※ Episode in England | 리포트 제출에도 영수증이 있다? ···221

Part 7 — 영어선생이 된 쏭선생

1. 나보고 영어선생을 하라고? ···225
2. 영어공부란 무엇인가? ···228
3. 영어 실력, 왜 나만 안 늘지? ···235
4. 시간과 돈을 한꺼번에 잡는 어학연수 비법 ···239
5. 이런 어학연수생, 꼭 실패한다! ···246
6. 꼬마들의 무서운 반란 ···254
 ※ Study point | 다시 정리하는 영역별 공부 방법 ···257
 ※ Episode in Institute | 필리핀 영어는 짝퉁 영어? ···261

PART 1

쏭선생,
영어에 굴욕당하다

★ ― **우리나라 대학생이라면** 누구나 한번쯤 생각하는 즐거운 상상이 있다. 바로 유학이다. 유학이라! 얼마나 멋지고 가슴 설레는 단어인가!

이국적인 캠퍼스 건물, 잔디밭에 둘러앉아 외국 학생들과 토론을 하고, 자전거를 타고 다니며 멋진 캠퍼스를 누비고, 도서관 한쪽에서 책을 쌓아놓고 열공하는 모습까지…. 누구나 한번쯤 그려보는 꿈같은 생활이다. 나 역시도 마찬가지였다. 대학시절, 가끔 혼자 하늘을 바라보며 이런 상상을 하곤 했으니까.

대학교 3학년 때였다. 우연히 예술경영을 전공하신 교수님의 강의를 듣게 되었고, 그분과 함께 식사를 할 기회가 생겼다. 물론 그분은 외국에서 학위를 받으신 유학파였다.

"선생님께서는 서양화를 전공하셨는데, 어떻게 이론을 공부하게 되셨나요?"

"나? 그림을 잘 못 그려서…."

"네?"

"지금 학교에서 운동을 하는 수많은 선수들 중에 몇 명이나 프로리그로 가는 줄 아나? 정말 소수일 거야. 또 그렇게 간다고 해서 모두가 아는 유명한 선수가 될 수 있을까? 얼마나 힘든 일이겠어. 그런데 가만 보면 말이지, 운동선수가 혼자 운동을 잘한다고 스타플레이어가 될 수 있지는 않아. 그 선수가 뛸 수 있는 좋은 구단을 만나야 하고, 또 1원이라도 더 받을 수 있게 연봉 협상의 달인들도 있어야 하고, 꼭 그 선수는 아니더라도 팬들을 모으고 붐을 일으키는 많은 일들을 하는 사람들이 그들 주변에 있는 거야. 미술도 마찬가지겠지. 좋은 화가가 나오기 위해서는 그림을 좋은 곳에 소개도 시켜줘야 하고, 팔아도 줘야 하고, 또 많은 사람들과의 관계를 잘 조정해야 하는 이들이 필요한 거야."

"아, 네…."

별 생각 없이 던진 한 마디 질문 때문에 나는 식사 자리에서 강의 아닌 강의를 듣고 있었다.

"사실 우리나라는 지난 50년 동안 먹고살기 바빴지? 이제 2000년대가 오고 우리나라도 먹고살기에 목을 매기보다는 오히려 스포츠, 예술 등을 즐기는 그런 문화선진국이 될 거야. 그러니 문화산업은 어쩌면 매우 중요하고 가능성이 풍부한 블루오션이 되지 않겠나? 그래서 나는 대학을 졸업하고 바로 프랑스로 가서 공부를 했어. 넓은 세계에서 많은 사람들을 만나고 새로운 지식을 얻는다는 것이 얼마나 멋진가?"

예술경영과 유학의 중요성을 강조하며 열변을 토하시는 교수님께 그날 나는 반하고 말았다.

'우와, 정말 멋져 보이는 걸!'

나는 밥을 먹다 말고 숟가락을 입에 문 채 고개를 끄덕이며 교수님

말씀에 푹 빠져들고 있었다.

당시 나는 화가로서 성공할 만큼의 자질을 갖추지 못했다는 생각을 하던 차였다. 친구들도 약장수(?) 같은 내 성격을 꼬집으며 "야, 넌 그림 그리지 말고 내 그림이나 팔아봐라. 사람 모아놓고 약 좀 팔면 몇 배는 받겠구만. 하하하~." 하며 놀렸다.

친구들의 농담이 결정적인 것은 아니었지만, 교수님의 말씀을 듣고 나는 예술경영에 관심을 갖기 시작했다. 그리고 막연하게 예술경영에 대한 공부를 하겠다는 것과 유학을 가겠다는 것, 이렇게 대학시절의 꿈이 두 가지로 압축되기 시작했다. 물론 그것을 위해 내가 한 일은? 전혀 없다. 많은 사람들이 그랬던 것처럼, '그래 나중에 때가 되면 되겠지." 하는 막연한 꿈이었다.

그렇게 시간만 보내다 대학교 4학년 졸업반이 되었다. 졸업할 때가 되니 동기들은 각자 자신의 길을 준비하고 있었다. 대학원을 진학하려는 친구, 취업을 준비하려는 친구, 또 힘들어도 미술을 계속하려는 친구들까지….

각자가 바쁜 그때, 나 역시 졸업 후 진로에 대해 본격적으로 고민을 하게 되었다. 3학년 때부터 간직했던 유학의 꿈은 이미 물 건너간 지 오래였다. 그렇게 졸업을 하고 취직을 한 곳이 바로 미술잡지사의 영업부였다. 그 흔하디 흔한 토플 점수나 자랑할 만한 이력이 하나도 없었던 내가 잡지사에 취직을 하다니. 그것만으로도 대단했다.

❷ 당신, 지금 나하고 장난하자는 거야?

★― 처음 취직을 하고 나서는 정말 신나게 일을 했다. 괴짜라는 별명까지 얻었지만, 나는 굴하지 않고 취업한 지 6개월 만에 회사에서 영업왕을 차지했다. 하지만 그렇게 졸업을 하고 취직을 하고 영업왕까지 했건만, 가슴 한쪽은 늘 허전했다. 왜일까?

그러던 어느 날, 친구를 만나고 집에 오는 길에 우연찮게 '유학원' 간판이 눈에 들어왔다. 그걸 보니 갑자기 유학에 대한 꿈이 물안개처럼 피어올랐다.

'그래, 일단 저질러볼까? 어떻게든 되겠지 뭐.'

무슨 생각에서였는지 이미 내 발걸음은 자연스럽게 유학원으로 향하고 있었다. 6개월 만에 영업왕을 할 정도면 내 뻔뻔함은 이만저만이 아니었다. 물론 그런 뻔뻔함 때문에 영업왕이 될 수 있었던 거지만.

사전 준비 따위는 내게 사치였다. 그냥 무작정 유학원 문을 열고 들어간 나는 조심스레 내 꿈을 언급했다.

"저기, 저는 미대 출신인데요. 제가 옛날부터 예술경영에 관심이 워낙 많아서요. 영국이나 미국으로 유학을 가고 싶은데, 어떻게 해야 할까요?"

유학원 직원은 "아, 네… 유학을 가려면…" 하고 일장 연설을 늘어놓기 시작했다.

그러나 유학에 대한 나의 환상은 상담한 지 단 5분도 안 돼 산산조각이 나고 말았다. 생각지도 못했던 복병, 바로 '영어' 때문이었다. 지금도 당시 유학원 직원과 주고받았던 말이 생생하게 기억난다.

"학생, 영어 레벨은 어때요?"

"예? 영어요? 고등학교 1학년 때부터 안 하고 지금까지 한 적이 없는데요…."

내심 말꼬리를 흐렸지만, 나는 속으로 '그런 것도 해야 되나요?'라는 어처구니없는 질문을 입 밖에 낼 뻔했다.

매우 당황한 그 직원의 답변은 이랬다.

"학생, 외국에 가면 한국말을 아는 사람은 없어요. 영어로 읽고 영어로 듣고 영어로 말하고 영어로 쓰면서 공부하는 것이 유학인데…. 지금 학생의 영어 수준을 잘 알지는 못하겠지만 유학보다는 영어공부가 우선일 듯싶네요."

지극히 맞는 말이었다. 영어에 '영' 자도 모르는 놈이 유학에 대한 환상만 갖고 있었던 것이다. 내가 했던 답변은 곧 한국말 한 마디 못하는 외국인이 우리나라 대학에서 한국어로 공부를 하는 것과 같은 것이니, 그날 유학원 직원은 과연 나를 어떤 놈으로 생각했을까?

'하긴, 영어가 뉘 집 개 이름도 아니고….'

나는 속으로 계속 중얼거리며, 난생처음 굴욕감을 느꼈다.

그렇게 씁쓸함과 창피한 기분으로 건물 밖에 나오니, 어쩐 일인지 눈에 뵈는 게 온통 영어학원 간판들뿐이었다. 한편으로는 '정말 내 영어가 그렇게 기초 수준일까? 그래도 대학까지 나온 놈인데' 하는 한심한 생각까지 들었다. 정말 어디에다 대고 대학 나왔다고 말하기도 창피할 만큼 나는 영어와 거리가 멀었다.

그렇게 길을 걷다, 나는 우연찮게 한 어학원에 들어갔다. 그곳에는 학생들이 자신의 레벨을 스스로 체크할 수 있는 셀프 테스트 기계가 있었다. 떨리는 마음으로 그 기계 앞에 섰다. 아, 그때의 떨림은 정말이지 뭐라 표현할 수가 없다.

조심히 한 문제 한 문제 테스트를 해보았다. 그런데 테스트를 하는 동안 나는 정말 기분이 안 좋아졌다. 아는 문제가 별로 없어서가 아니었다. 단 하나라도 아는 문제가 있었다면, 그 정도로 굴욕감을 느

끼진 않았을 것이다. 정말, 나는, 아는 문제가 하.나.도. 없었다.

결과는 자명했다. 그때 최고 레벨이 12단계였고 나는 당연히 완전 초보 1단계였다. 아마도 그 기계가 말을 할 줄 알았다면 이런 얘기를 하지 않았을까?

"당신, 지금 나하고 장난하자는 거야?"

어느 정도 예상은 했지만 아는 답이 하나도 없다니. 그 충격으로 며칠을 앓아누울 것 같았다. 늘 영어의 중요성을 강조하시던 아버지 얼굴, 중학교 때 힘들게 영어 과외를 시켜주신 어머니 얼굴이 파노라마처럼 지나갔다. 내가 도대체 영어에 대해 아는 게 뭐지?

나는 고등학교 1학년 때 영어를 포기했다. 그때는 별 필요성을 느끼지 못했다. 미대를 가기 위해서 학력고사를 봤는데, 실기시험이 있었기 때문에 굳이 영어를 잘할 필요가 없었다. 영어나 수학 대신 암기과목에 목숨 걸고 공부해 전체 점수를 올릴 수 있었기 때문이다.

그 결과 고등학교 때 영어에 대한 내 추억은 숫자 '3'이 전부다. 학력고사에서 영어 과목의 답은 무조건 '3번'. 그러고도 미대에 입학을 했으니, 영어는 더 이상 나와는 전혀 관계없는 학문이 되어버렸다.

대학 때 했던 유일한 영어공부라면 의무적으로 교양영어를 수강한 것이 전부였는데, 그나마 1학년 1학기 때 영어 과목은 자랑스럽게도 'F'가 나왔다. 커닝으로 옆에 있는 학생의 답을 모두 베꼈는데 왜 하필 'F'가 나왔을까? 아, 영어여!

❸ 내 인생 최대의 영어 굴욕

★ ― 원래 인간이란 동물이 그렇듯, 먹고 살기 바쁜 생업에 종사하다 보면 자연스레 자신의 꿈은 잊게 마련이다. 나 역시 마찬가지였다. 영어를 하지 못해도 회사에서의 내 영업력에는 전혀 문제가 없었다. 외국인 광고주를 만나지 않는 이상 앞으로도 그럴 일은 전혀 없었다.

또다시 직장생활에 몰두하다 보니, 유학에 대한 어설픈 꿈과 영어에 대한 굴욕의 기억은 점차 기억 속에서 지워지고 있었다. 마치 언제 그런 일이 있었냐는 듯이.

그러던 어느 날, 새로 나온 잡지를 배본하기 위해 사무실에서 한창 책을 정리하고 있는데, 한 여직원의 긴급 호출이 들려왔다.

"여기요~! 누구 영어 할 줄 아는 사람 있어요? 송용진 씨? 좀 받아 보세요."

여직원은 내게 대답할 겨를도 주지 않은 채 바로 내 자리로 전화를 돌렸고 나는 얼떨결에 그 전화를 받아야 하는 운명에 처해졌다. '윽, 왜 하필 나야…'라고 생각하는 순간, 이미 수화기는 내 손에 들려 있었다. 그런 나를 유심히 바라보고 있는 직원들의 눈빛, 침묵이 흐르는 순간이었다.

"헤. 헤, 헬…로…!"

내가 '헤헤헬로'라고 하자 수화기에서는 도대체 알아들을 수 없는 소리들이 한꺼번에 튀어나왔다. 하지만 내가 할 수 있었던 말은 그저 '헤헤헬로'를 연발하는 일뿐. 결국 전화를 건 외국인은 한참 동안 무어라 중얼거리더니 포기한 듯 전화를 끊었고 나는 그런 것도 모른 채, 여전히 "헤… 헤… 헬… 로…"만을 반복하고 있었다.

어찌 그 순간을 잊을 수 있을까. 정말 잊을 수 없었던 것은 전화를 건 외국인에 대한 굴욕이 아니라, 그 순간 나를 향한 직원들의 측은한 눈빛이었다.

그 사건이 있은 지 얼마 지나지 않아, 두 번째 영어 굴욕 사건이 또다시 터졌다.

신입사원임에도 불구하고 나는 입사한 지 6개월도 안 돼 영업실적이 사내 최고였고 나의 영업 능력은 따라올 사람이 없을 정도로 독보적이었다. 그랬으니 당연히 사장님의 신뢰가 남달랐다.

어느 날, 사장님은 나를 부르셨다.

"송용진 씨, 내가 계열사 영업부장급 이상들 모두 모아놓을 테니 강의를 한번 하세요."

"네? 제가요? 사장님, 전 이제 신입…."

"괜찮아요. 나도 50년 넘게 영업을 했지만 당신 같은 사람은 처음이야, 하세요."

얼떨결에 영업한 지 6개월짜리 햇병아리가 수십 년 영업 경력의 베테랑들을 상대로 강의를 하게 된 것이다. 결국 최선을 다해 내가 지닌 영업에 대한 신념과 방식 등을 강의했고, 강의는 사장님 이하 모든 참석자들의 박수를 받으며 매우 성공적으로 끝이 났다.

다음 날, 영업부 회의실에 찾아오신 사장님은 나를 불러 입에 침이 마르도록 칭찬을 하셨다.

"송용진 씨, 정말 대단해~ 어디서 그런 배짱과 입담으로 저 능구렁이 같은 영업부장들을 휘어잡았나? 허허, 정말 존경해 존경. 그런데 말이야, 다름이 아니라 말이지, 이번에 새로 생긴 카드사업부 쪽에서 국제영업을 좀 강화하고 넓혀나가야 한다는 얘기가 있어서. 혹시 말이지, 자네 그쪽에서 일을…."

그 순간이었다. 갑자기 회의실 안에 전화가 울리기 시작했다. 따르릉 따르릉…. 내가 눈치를 보자 사장님은 "응, 전화 받아봐~" 하셨다.

"네, 죄송합니다. 잠시만…."

"여보세요?"

"Hello~ good afternoon…."

"헉!"

워낙 조용한 공간이어서인지 수화기에서 들려오는 외국인의 목소리가 계속 회의실에 펴져나갔다. 나는 땀을 삐질삐질 흘리며 "헤, 헤, 헤… 로…"를 반복했다.

'아니, 무슨 놈의 잡지사에 이렇게 외국 전화가 많이 오는 거야…. 미치겠네.'

어쩌면 지난번과 이렇게 똑같을까. 쥐구멍이라도 들어가고 싶은 심정을 아는지 모르는지 수화기 속의 외국인은 계속 영어로 지껄여 댔다. 그리고 얼마 후 "뚜뚜뚜~~"하는 신호음을 들으며 나는 조용히 수화기를 내려놓았다.

나의 이런 모든 행동과 말을 지켜보던 사장님은 씁쓸하게 웃으시면서, "송용진 씨, 대학은 나왔지?" 하셨다.

"아, 예…."

"대학 다닐 때 영어공부 안 했구만."

이후 약간의 침묵. 방금 전 얘기는 없었던 걸로 하시자는 듯 사장님은 조용히 일어나셨다.

"송용진 씨, 영어는 중요합니다~"

그때 사장님의 표정, 방금 전 나를 존경까지 하신다던 그 표정은 온데 간 데 없고 오직 나를 향한 안쓰러운 표정뿐이었다.

아, 정말이지 그때의 내 기분은 굴욕 그 자체였다. 회의실 탁자 유리에 비친 내 모습은 잘나가는 신입사원 송용진이 아니라, 대학까지 나오고도 영어 한마디 못하는 바보 같은 모습이었다.

아직도 생생하다. 그때 사장님의 눈빛은 정말 잊을 수 없는 순간이었다. 그리고 그 후유증인지 그날 이후 전화기에서 들려오던 외국인의 목소리는 계속해서 내 귀에 맴돌았다. 심지어 꿈까지 꾸었다.

❹ 난생처음 외국인에게 길을 가르쳐주다, 그러나…

★— 만약 여기서 내 굴욕이 끝났다면 나는 영어공부도, 유학도 생각하지 않았을 것이다. 시간은 또 흐르고, 역시 인간인지라 그사이 그때의 굴욕을 잊고 나는 다시 여느 직장인처럼 정신없이 지내고 있었다.

그러던 어느 날, 한 통의 전화가 걸려왔다.

"와, 오랜만이야. 우리 동기들 한번 모여야지."

반가운 친구의 목소리였다. 서둘러 일을 마친 뒤 그날의 모임장소로 향했다. 그런데 약속장소로 가는 길에 두 명의 외국인이 갑자기 나에게 다가와 길을 물어보는 것이다.

솔직히 말하면 그때가 내 인생에서 영어를 했던 첫 경험이었다. 그들이 내게 무엇인가 영어로 묻는 순간, 내 머리 속에는 나를 측은하게 바라보던 직원들과 사장님의 얼굴이 전광석화처럼 스쳐지나갔다. 아, 그때의 굴욕! 그리고 동시에 떠오르는 안타까움, 바로 '이렇게 많은 사람들 중에 왜 하필 나야?' 였다.

이런 내 마음을 아는지 모르는지 그들은 나를 보면서 손가락으로 지도 속에 신촌이 표시된 곳을 가리켰다. 순간 나는 오기가 생겼다. 다시는 그런 굴욕을 경험하고 싶지 않았기 때문이다. 용기를 내어 말을 했다. 일단 웃은 뒤, "아~하~ 신촌!!! 오… 케… 이… 신촌… 신촌… 이리 가세요. 그리고 ○○번 버스 타세요."

'윽, 이게 뭐야.'

결국 그 자리에서 쓴 내 영어는 '오케이'라는 단어 하나뿐이었다. 나머지는 모두 한국어. 내참, 한국말 한 마디 모르는 외국인에게 이리 가 이리 가 했으니 이게 웬 국제적 망신이란 말인가.

외국인들은 서로 무엇인가를 말하더니 다른 사람에게 도움을 청하려 하고 있었다.

'안 돼!'

순간 나도 모르게 그들의 손을 잡았다. 그리고 따라 오라는 시늉을 했다. 머리가 모자라면 몸이 고생한다고, 결국 나는 그들의 목적지인 신촌의 모 백화점까지 직접 버스를 타고 모셔다주는 동방예의지국의 면모를 보여주고 말았다.

그 외국인들은 내가 그렇게 친절한 이유를 절대 알 수 없었을 것이다. 그냥 나 역시 목적지가 신촌이라고 생각하지 않았을까?

어쨌든 우여곡절 끝에 백화점에 도착하고 반대 방향으로 내 갈 길을 가려고 하는데 그들은 미소를 지으면서 "땡큐, 땡큐 쏘우 머치~"를 연발하며 감사의 뜻을 전했다. 나 역시 웃음으로 답례를 했다. 그리고 다시 길을 돌아 약속 장소로 향했다.

내가 외국인들을 위해 무엇인가를 해주고 그들에게 "땡큐"라는 소리를 듣다니, 미소가 절로 나왔다. 내 자신이 너무 흐뭇했다. 그런데, 돌아오는 길에 밀려드는 왠지 모를 이 허무함은 뭐지? 그리고 그 허무함은 시간이 지날수록 또 다른 느낌의 굴욕감으로 변해가고 있었다. 그랬다. 나는 그 간단한 말 한 마디 못하고 딴에는 자존심이 있어 내가 가야 할 반대 방향으로 직접 그들을 데려다줬던 것이다.

'아… 이게 무슨 개망신이람.'

그렇게 1시간 이상을 지체하고 모임장소로 나갔다. 오랜만에 만난 친구들과 술자리에서 이런저런 얘기를 한창 하고 있는데, 친구 한 명이 자신의 유학 얘기를 꺼냈다. 그 친구는 미학을 공부해 곧 프랑스의 대학원에 입학할 예정이라고 했다.

"와~!"

나도 모르게 감탄사가 나왔다. 사실 그 친구는 공부를 잘하던 친구였다. 대학교 1학년 때부터 영어 스터디 그룹도 만들고 늘 책을 끼고 다니던 친구였다. 대학시절 내내 영어를 공부했으니 영어는 당연히 잘했고 대학교 4학년 때부터는 프랑스어까지 공부하고 졸업과 동시에 프랑스로 연수를 갔다가 가을학기부터 프랑스 대학원 미학과에 입학할 예정이었다.

같은 돈 내고, 같은 학교, 같은 선생 밑에서 공부했는데, 한 사람은 영어는 물론이고 프랑스어까지 공부해 척하니 대학원에 합격한 유학생이 되었고, 한 사람은 그 간단한 길도 제대로 말하지 못해 직접 모셔다주는 한심한 사람이 되어버렸다.

★— 그날 나는 다짐, 또 다짐을 했다. 반드시 해내리라! 그리고 잠시 잊고 있었던 유학의 꿈도 꼭 이루리라!

❺ 실낱같은 희망, 영어는 암기과목이다!

그런데 그렇게 마음을 먹고 막상 공부를 시작하려니 너무 많은 현실의 벽들이 가로막혀 있었다. 무엇을 먼저 해야 할지 막막함 그 자체였다. 그때 내 느낌은 두려움보다는 외로움이었다. 무엇이든 혼자서 해야 할 것 같은.

영어에 '영' 자도 모르는 내가, 더군다나 남들은 수십 년을 해도 안 된다는 그런 영어를, 도대체 어떻게 공부를 하고, 언제부터 얼마나 해야 하고, 어디서 해야 하고, 누구와 해야 하는지, 그리고 무엇부터 시작해야 하는지, 전혀 감을 잡을 수가 없었다.

마치 이 세상에 이런 고민을 하고 있는 사람이 나 혼자인 듯한 느낌. 당연히 외로울 수밖에 없었다. 오직 하나 내가 확실히 인지한 사실은 "유학을 가기 위해서는 영어공부를 해야 한다"는 것이었다.

나는 멘토를 구하는 게 우선이라고 생각했다. 복잡한 내 심정을 털어놓을 누군가가 필요했고, 그들은 영어를 잘하는 사람들이어야 했다. 이것이 내가 영어공부를 본격적으로 시작한 첫걸음이었다.

그렇다면 주변에 영어를 잘하는 사람은 누가 있을까? 맞다. 바로 학원 강사들이었다. 학원 강사들은 자신들이 영어를 잘하기도 하지만 많은 학생들을 지도하고 상담하기 때문에 내가 필요로 하는 것, 내가 해야 할 것을 가장 정확히 말해줄 수 있는 사람들이었다.

나는 내게 필요한 질문들을 구체적으로 만들어 인근 영어학원에 전화를 한 뒤 강사 선생님들을 만나기로 했다. 다행히 내가 만난 강사들은 대부분 친절하게 영어공부의 요령을 상담해 주었다.

"아, 이제 영어공부 시작하시려고요? 대학생은 아닌 것 같고, 직장인이시구나? 그럼 잠깐 제가 테스트 좀 해볼까요?"

강사는 말 그대로 "쏼라쏼라~" 내게 말을 건넸다. 나는 여전히 곧은 자세로 미소만 짓고 있었다. 별수 없지 않은가? 알아듣는 말이 하나도 없으니.

잠시 후 강사의 당황스러운 한마디가 이어졌다.

"영어가 완전히 기초시네요? 영어공부 안 하신 지 오래 되셨죠?"

"선생님, 제가 이렇습니다. 도대체 저는 어디서부터 어떻게 공부를 해야 할까요? 저 좀 살려주세요. 꼭 영어공부를 하고 싶습니다."

"나이 들어 공부하는 게 쉽지는 않지요. 더군다나 지금 이 실력에 대학원을 가고 싶으시다니, 열심히 하셔야겠어요?"

그분은 얼마나 황당했을까? 영어에 '영' 자도 모르는 사람이 갑자기 나타나 대학원에서 공부를 하고 싶다고, 영어공부를 해야 한다고 방법을 알려달라고 했으니 말이다.

"영어는 무슨 대단한 게 아니에요. 보세요. 고맙습니다가 영어로 뭐죠?"

"땡큐요."

"그래요, 'thank you'가 '고맙다'라는 뜻을 알고 어떤 상황에서 이 단어를 써야 하는 줄 알면 되는 거거든요. 그럼 '지겹다'라는 말이 영어로 뭐죠?"

"글쎄요? 잘 모르겠는데요."

"sick and tired에요. 따라해 보세요. 그렇죠, 잘하시네. 다시 한 번요. 지금 3시간째 같은 얘기만 듣고 있는 상황인 거예요. 너무 지겨워요. 그럼 어떻게 얘기하죠?"

"씩 앤 타이어???"

"그쵸, 잘하시네. 그 상황에서 쓰면 되는 거예요. 영어는 이런 거예요. 이렇게 단어를 알고 그 단어를 쓸 상황을 알면 되는 거죠. 단순합니다. 열심히 외우고 반복하고 하면 이렇게 쓸 수 있는 거예요. 땡큐나 씩 앤 타이어처럼요."

많은 다양한 견해들이 있었지만 그래도 다들 한 목소리를 낸 것은 '나이 들어 영어공부를 한다는 것은 매우 힘들다!'였다. 나이 든 것도 서러운데 나이 들어 영어공부는 더 힘들다니! 하지만 어쩔 수 없었다. 나이를 돌릴 수는 없으니 직접 부딪혀보는 수밖에.

물론 희망도 있었다. '영어는 암기과목과 같아 암기하고 반복하고 노력해야 한다'는 것이었다. 이 말에 나는 기분이 너무나 좋았다. 솔직히 나는 언어와 관련해서 그리 재능이 없다. 영어는 물론이고 국어시험 조차도 80점 이상을 받아본 적이 없다. 이런 나에게 영어가 암기과목이라는 말은 너무나 희망적일 수밖에 없었다.

늦은 나이였지만 내가 유일하게 자신 있었던 것은 코피가 나도록 무식하게, 그리고 열심히 공부하는 것뿐이었다. 암기과목은 원래 단순 무식하게 공부하면 누구나 100점을 받을 수 있지 않던가. 영어정복의 길이 아무리 멀더라도 그저 열심히 하면 된다는 결론이었다.

당시에 나는 직장을 다니고 있었기 때문에 하루 종일 시간을 투자해서 공부를 할 수 있는 여건이 아니었다. 하지만 이 기간 동안 영어에 대해 많은 의견을 들을 수 있었고, 그 덕에 서른 살이라는 적지 않은 나이에 영어의 바다에 뛰어들기를 결심할 수 있었다. 무엇을 위해? 오직 폼 나게 유학생활 한번 해보기 위해! 그리고 다시는 영어에 굴욕 당하지 않기 위해!

영어 공부는 깨진 독에 물 붓기?

사람들은 깨진 독에 물 붓기라는 비유로 영어공부가 정말 힘들고 웬만한 정성과 노력이 아니면 도로아미타불이라는 말을 한다. 맞는 말이다. 영어공부는 정말 깨진 독에 물 붓기다. 그래서 공부를 하지 않으면 다시 원점으로 돌아간다.

그러나 깨진 구멍의 크기는 우리가 생각하는 것보다 훨씬 작다. 작은 구멍이 있는 독에 물을 채우면 시간이 지날수록 바닥이 드러나겠지만, 생각보다 물은 꽤 오랫 동안 독에 차 있다.

물이 빠져나가면 우리는 또 물을 붓는다. 이것은 영어를 잘하는 사람도 시간이 지나면 영어 단어를 잊어버리는 것, 아무리 잘나가는 영어 강사라도 늘 공부를 해야 하는 것과 같은 이치다.

지금도 학생들에게 늘 하는 말이 있다.

"이 세상에서 영어공부를 하는 사람치고 영어가 향상되지 않는 사람은 단 한 명도 없습니다. 영어공부는 하면 무조건 향상됩니다. 그것은 항아리에 물을 붓는 것과 같은 것이니까요. 지금 내 영어가 늘고 있다는 사실, 이 얼마나 다행이고 가슴 설레는 일인가요!"

PART 2

쏭선생의
영어공부 워밍업

① Where. 어디서 공부할 것인가?

★ ― 해외 영어연수라는 개념조차 없었던 나. 따라서 '어디서 공부를 하나?'라는 내 스스로의 질문에 장소는 당연히 한국이었다. 그런데 여기저기서 해외연수를 생각해보라는 권유가 있었다. 한국에서 제대로 공부를 할 수 있겠냐는 것이었다. 그러면서 미국, 영국, 뉴질랜드, 호주, 아일랜드 정도가 일반적으로 영어 연수에 적합한 국가라고 했다. 주위의 얘기를 들어보니 그럴 듯했다.

'그래, 한국어를 공부하기 가장 좋은 곳이 한국이듯, 영어를 공부하려면 영어권 국가로 가야지. 그런데 미국은 가기가 힘든 곳이고, 영국? 그래, 영국은 어떨까? 더군다나 영어의 원조는 영국이 아니던가. 그런데 물가가 너무 비싸. 그럼 호주, 뉴질랜드? 음, 그래. 물가도 우리와 비교하면 그리 높지 않고 나름 괜찮겠네?'

혼자 중얼거리듯 메모를 하며 이 나라 저 나라를 비교하고 따져봤다. 하지만 어느 나라든 연수비가 만만치 않았다. 직장 다니며 저축해놓은 돈으로 연수를 가야 하고, 한 푼이 아쉬울 때였으니 쉽게 결정할 수도 없었다. 그래서 결국에는 '에이, 그냥 한국에서 하자! 돈도 없는데….'라며 마음을 다잡았다.

그렇게 한국에서 공부를 하기로 마음 먹을 즈음, 하루는 내게 자세히 상담을 해주신 강사 한 분이 조심스러운 어조로 필리핀을 추천해

주셨다.

"필리핀요? 거기도 영어를 써요? 거기 테러 일어나고 그런 나라 아니에요?"

어린아이 같은 내 질문에 그 강사는 자신도 필리핀에서 6개월 정도 공부를 했는데 비용도 저렴하고 많은 효과를 보았다고 자신 있게 조언해 주었다.

"하하하. 필리핀은 절대 그런 곳이 아니에요. 결정이야 본인이 하는 거지만. 우선 필리핀은 1:1 수업이 가능해요. 영어공부에 있어서 1:1 수업은 그룹수업과 차원이 달라요. 그룹수업 한 시간 하면서 학생 한 명이 얼마나 많은 얘길 하겠어요? 그에 반해 1:1 수업은 선생과 단 둘이 하니까 말할 기회도 훨씬 많아지고, 그만큼 효과도 높죠. 더군다나 왕초보자들에게는 아주 매력적인 수업입니다. 그리고 지금 연수비도 부모님이 주시는 게 아니라면서요? 그럼 넉넉하지도 않으시겠네. 한국에서 공부를 한다고 생각해도 하루에 4~5시간이면 학원 등록비만 50만 원이잖아요. 그것도 그룹수업으로. 거기에 차비, 먹는 것, 기타 용돈 하면 한 달에 70~80만 원 이상 쓰지 않겠어요? 그 정도 돈이면 차라리 필리핀에서 공부하는 게 좋지 않겠어요? 무엇보다도 한국에 있으면 이상하게 공부를 방해하는 집단들이 많아요. 공부만 하려면 친구가 전화하고, 집안일이 터지고."

그 이야기를 듣고 집에 와 곰곰이 생각해보니 정말 그럴 듯했다. 비용도 한국에서 공부하는 정도이고, 한국이나 호주, 영국처럼 10~15

명씩 앉혀놓고 공부하는 그룹수업이 아니라, 1:1 수업으로 이루어지니 나 같은 왕초보에겐 그야말로 딱이었다.

무엇보다도 주변의 따가운 시선을 피할 수 있다는 것이 나는 가장 마음에 들었다. 솔직히 한국에서는 늦은 나이에 다니던 직장까지 그만두고 영어공부를 한다고 하면 주위의 시선이 곱지 않다. 무엇보다도 부모님께 면목이 없고. 그러니 아무도 나를 모르고, 내가 무엇을 해도 말이 없을 필리핀이란 곳이 좋겠다는 판단이 들었다. 그래, 가자! 필리핀으로!

★ ― "송용진 씨, 무슨 계획을 그렇게 세우셔? 좀 봐봐. 오늘은 또 무슨 플랜을 짜시나? 나 같으면 그 시간에 단어 하나 더 외우겠네, 이 사람아."

허구한 날 종이에 뭔가를 적고 고민하는 내 모습에 회사 동료들의 비아냥섞인 농담이었다. 쉬는 시간이면 나는 강사들이 추천해준 교재를 갖고 월별, 일별 계획을 짜는 데 시간을 다 보냈다.

사실 그 동료의 말이 틀린 것은 아니다. 계획을 거창하게 세우는 사람 치고 목표를 제대로 달성하는 사람들이 드물기 때문이다. 그러나 나는 직장을 다니며 공부를 하기는 싫었다. 그렇게 되면 일도 공부도 제대로 못할 것 같고, 특히 공부는 할 때 해야지 일과 병행하면 몸과 마음이 모두 지칠 것 같았다. 그래서 계획을 제대로 세우는 것이 급선무였다.

나에게는 시간이 그리 많지 않았다. 설령 한두 해 늦어진다 해서 무슨 대단한 일이 벌어지는 것은 아니지만, 그래도 다니던 직장까지 그만둘 생각을 하고 결정한 일이니 최대한 빨리 목표를 달성하는 게 중요했다.

영국이나 미국의 대학원은 2월과 9월에 학기가 시작되는데, 당시 내 목표는 9월 학기 입학이었다. 그래서 나에게 주어진 시간은 정확히 1년 하고도 7개월. 나는 이 기간 안에 내 영어를 대학원에서 수업을 들을 수 있는 수준으로 만들어야 했다.

하루는 내 계획을 옆 동료에게 보여주었다. 그런데 그 동료가 살짝 땀을 흘리며 하는 말.

"엥? 1년 7개월 공부하고 대학원에 가겠다고? 욕심이 너무 앞선 거 아니야? 내가 전에 용진 씨 전화 받는 거 옆에서 봤는데…. 후후. 자신을 너무 과대포장한 거 아닌가 싶네? 못 잡아도 3년, 아니 5년은 공부해야 하지 않을까?"

나도 안다. 내 실력에 1년 7개월이 얼마나 짧은 기간이라는 것을. 그러나 내게 상담해 주신 어느 강사의 말에 용기를 얻고 나는 감히 이런 짧은 기간을 정하고야 말았다. '정말 할 수 있을까? 할 수 있을까?' 하는 조바심을 나 역시 안고서.

물론 내가 이런 스케줄을 잡은 것에는 그럴 만한 이유가 있다. 하루는 또 다른 강사에게 이런 질문을 했었다.

"선생님, 저는 여차저차 해서 이제야 공부를 시작합니다. 얼마나 공부해야 대학원 입학이 가능할까요?"

"학생들이 내게 와서 가장 많이 하는 질문이 뭔 줄 아세요? 바로 몇 개월 공부해야 토익 몇 점이 나올까요? 한 6개월 공부하면 말문이 트이고 회화가 가능하겠죠? 이런 질문들이에요. 참 난감해요. 영어가 정말 6개월 지나 말문이 트이면 얼마나 좋겠어요. 안 그래요? 그런데 사람들은 자꾸 기간으로 그 기준을 정해요. 영어는 절대 기간이 기준이 될 수 없어요. 6개월 공부하는데 하루에 3시간씩 공부하는 사람과 하루에 1시간씩 공부한 사람이 절대 같을 수 없듯, 공부는 기간이 아니라 바로 어떻게, 얼마나 하느냐에 달려 있지 않겠어요?"

고개를 끄덕이게 만드는 조언이었다.

'그래, 공부는 얼마나 집중해서 많이 하느냐지, 몇 개월, 몇 년, 이런 기간이 중요하진 않지. 지금 내 실력이 일반적으로 3년 정도 공부해야 대학원 진학 실력이 된다면, 남들보다 3배 공부를 더 하면 1년이면 가능하다. 반대로 내가 남들보다 3배 이상 공부를 해서 1년 반을 공부하면 그것은 남들이 4~5년 공부한 것과 같으니 무조건 열심히 하자!'

이 얼마나 단순한 생각이었던가?

계획 세우기가 끝나자마자 나는 사표를 내고 필리핀으로 떠났다. 그로부터 1년 7개월 동안 남들보다 3~4배 열심히 공부해서 남들 4~5년 걸린다는 영어공부를 1년 7개월에 모두 끝내리라 맘을 먹었다. 그리고는 반드시 내가 원하는 대학원에 입학하리라는 꿈을 안고서.

★ — 내게 주어진 시간은 대략 1년 반. 그렇다면 어떤 교재로 어떤 과목을 공부해야 할 것인가?

영어에 대해서는 완전 꼴통이라고 생각했던 내가 스스로 교재를 선정한다는 것은 불가능했다. 결국 몇 차례 찾아가고 연락했던 강사들의 도움을 다시 받기로 했다.

"선생님 제가 필리핀으로 공부를 하러 가게 됐습니다. 일 년 반 동안 집중력을 갖고 알차게 공부를 해야 하는데, 과연 어떤 책으로 어떻게 공부를 해야 할지 조금 막막하네요. 어떤 책을 어떻게 공부해야 할까요? 추천 좀 부탁드립니다."

이런 내 궁금증에 대부분의 강사들은 "교재는 그리 중요하지 않다, 문제는 그 교재를 어떻게 공부하느냐"라고 말씀하셨다. 특히 당시 한 강사의 조언은 아직도 내 머릿속에 생생한데, 그분 말씀은 지금도 내가 학생들에게 조언하는 내용이다.

"어떤 책이 좋은가라는 질문은 비단 학생뿐만 아니라 내가 가장 자주 듣는 질문이에요. 지금 시중에 나온 책들 중 어떤 책이 안 좋은 책이 있을까요? 모두 다 그 분야에서 내로라하는 저자들이 집필을 한 건데 말이죠. 간혹 중간 중간 내용에 의견 차이는 있을 수 있지만 아마 대부분 피가 되고 살이 되는 내용들일 거예요. 문제는 얼마나 집중력과 인내를 갖고 그 교재를 끝까지 보느냐 하는 거겠지요. 책 한 권을 끝까지 본다는 것, 그것이 얼마나 대단한 일인지, 그것도 영어 책을요, 그러니 어떤 책을 보느냐보다는 어떻게 끝까지 보느냐에 신경을 써야 합니다."

그랬다. 정말 백 번 옳은 말이다. 너무나 당연한 조언 같아 나를 비롯한 모두가 너무나 익숙해져 있는 사실이었다. 그때 나는 결심했다.

'맞아, 어떤 책이든 나는 무조건 3번 이상 본다!'

그리고 결국 내가 고른 책의 리스트는 다음과 같았다.

- **문법** ─ 중학생 수준에서 볼 수 있는 쉬운 문법책
- **회화** ─ 그림과 함께 표현된 쉬운 회화책, 영화 대본과 테이프 등
- **단어** ─ 초급, 중급 수준의 보케블러리
- **기타** ─ 한국 관련 내용의 리딩 책과 테이프, 영어표현사전, 기초 라이팅 (리스닝) 교재 등

선정한 교재를 바탕으로 나는 강사들의 도움을 받아 어떤 식으로 공부를 해야 하는지 구체적인 스터디 플랜까지 체계적으로 짰다. 여기서 말한 스터디 플랜이란 하루에 몇 시간 공부를 할 것인지, 예습, 복습의 방법 그리고 어떻게 반복을 해야 하는지 일일 계획, 월 계획,

그리고 연간 계획까지를 말한다. 크게 나누면 언어의 네 영역인 읽기, 쓰기, 말하기, 듣기로 그리고 그것을 좀 더 구체적으로 나누어 스터디 플랜을 짰다.

영역별 스터디 플랜

말하기	발음 교정, 일상 회화, 그림으로 설명된 회화책 등
듣기	만화영화(《미녀와 야수》 등), 기초·중급 읽기 교재 CD 등
쓰기	문법책, 기초·중급 쓰기 교재, 한글로 된 신문 등
읽기	단어집, 듣기 CD가 포함된 독해책 등

일일 스터디 플랜

오전	4시 ~ 7시	새벽공부	자습(예습, 복습)
	7시 ~ 8시	아침식사	
	8시 ~ 1시	오전공부	1:1수업
오후	1시 ~ 2시	점심식사	
	2시 ~ 6시	오후공부	1:1수업+야외학습
저녁	6시 ~ 7시	저녁식사	
	7시 ~ 10시	저녁공부	자습(예습, 복습)

누가 봐도 너무나 가혹한 스케줄이었다. 하지만 주어진 시간에 최대한 공부를 하는 것이 시간과 돈을 버는 일이라 생각했기에, 더욱이 영어에 '영' 자도 모르는 왕초보에게 이 정도 스케줄은 아무것도 아니라는 생각뿐이었다.

★ — 필리핀은 저렴한 비용으로 1:1 수업이 가능한 나라다. 즉 스터디 플랜의 기본은 그룹이 아닌 개인지도에 맞춰야 하기 때문에 튜터를 얼마나 잘 활용하느냐가 성공의 열쇠다.

같은 책을 그룹교실에서 교사 한 명과 여러 명의 학생들이 함께 공부하는 것과 나만의 1:1 튜터와 단 둘이 공부하는 것은 계획이 엄연히 다르다. 특히 당시 상담했던 강사 중 한 분은 필리핀에서 오랫동안 영어공부를 한 경험이 있어 나는 그분께 많은 도움을 받았는데, 그분을 통해 필리핀 튜터에 대한 정보를 많이 얻을 수 있었다.

"보통 필리핀에서 말하는 개인교습 선생을 우리가 생각하는 원어민 강사라 생각하면 안 돼요. 필리핀은 타갈로라는 모국어가 있습니다. 영어는 단지 공용어일 뿐이에요. 그래서 미국이나 영국 출신의 강사들과 단순 비교를 한다면 경쟁이 될 수 없겠죠. 그럼 필리핀에 가면 안 되네? 라는 의문이 들겠지만 그건 또 오버죠. 왜냐면 필리핀인과 한국인과의 영어 실력을 비교해보면 그것은 하늘과 땅 차이기 때문입니다. 아마 원어민이 100이라면 필리핀인은 70~80, 한국인은 20~30 정도라고 하면 맞을까? 어쨌든 한국인이 영어를 배우는 데는 전혀 지장이 없다는 사실이죠. 초등학교 수준의 학생 과외를 대학교 교수에게 시키는 학부모는 없죠. 그렇게 생각하면 쉬울 거예요.

어쩌면 필리핀에 가서 그들의 억양에 매우 실망할 수도 있어요. 아마 돌아오고 싶을지도 몰라요. 그러나 절대 그럴 필요는 없어요. 왜냐하면 영국 영어가 기준이라면 각 나라별로 모두 억양이 다르잖아요? 미국 억양, 싱가폴 억양, 인도 억양처럼요. 이는 서울말이 표준이라면 경상도, 전라도 억양이 다른 것과 같습니다. 그렇다고 부산 사람들이 한국어를 못한다고 말할 수 없는 것처럼 절대 억양을 가지고 실망할 필요는 없어요. 구체적으로 보면 k, t, p 등의 파열음이 강해요. 그래서 '워터'도 '워떠'라고 발음하죠. 하지만 절대로 걱정할 필요는 없는 겁니다. 단지 우리가 미국식 억양에 익숙해져 있기 때문이지, 그런 일로 필리핀을 포기하기엔 필리핀의 장점이 너무나 많기 때문이에요.

일단 1:1 수업을 받게 되면 가장 중요한 점이 튜터, 즉 개인지도 선생을 어떻게 잘 활용하느냐와 50분 수업 도중 영어로 말하는 선생의 요지를 얼마나 많이 이해하느냐에 달려 있어요. 1:1 수업에서 학생은 단 한 명이지요. 선생이 어떤 질문이나 요구를 했을 때 결국 그 문제를 해결해야 할 당사자는 학생이어야 합니다. 그룹수업의 경우는 개중 잘하는 학생이 대답을 하면 바로 다음으로 넘어가지만 1:1 수업은 절대 그럴 수 없습니다. 그러니 예습이 아주 중요해요. 예습이 된 상태에서 1:1 수업은 120% 이상 효과를 얻습니다. 정말 절대적이죠. 여기서 예습이란 것은 무엇이죠? 결국 스스로 공부하는 겁니다.

영어는 스스로 공부하는 시간이 많아야 합니다. 만약 1:1 수업시간과 영어 실력이 비례한다면 저는 하루에 10시간 이상 수업만 하라고 추천하겠죠. 하지만 절대 그렇질 못합니다. 아직 필리핀으로 떠나지도 않은 분께 이런 말을 해서 좀 그렇지만요. 영어공부는 혼자 하는 것이고요. 튜터와는 자신이 공부한 것을 확인하는 정도로 생각하시면 돼요. 그렇다고 튜터를 무시하라는 소리는 절대 아니에요. 튜터를 최대한 활용할 수 있는 방법 중 가장 중요한 것은 예습이고, 예습은 결국 스스로 공부하는 것이니 필리핀에 가면 자습시간을 많이 가져야 할 것입니다. 꼭 명심하세요."

  나에게는 너무나 소중한 조언이 아닐 수 없었다. 내가 이렇게 10여 년 전 그분의 조언을 생생히 기억하는 것은 그분의 한 마디 한 마디가 모두 직접 공부를 하면서 체감했던 정확한 사실이었기 때문이다. 그리고 그분의 이 조언은 지금 내가 선생으로서 학생들에게 해주는 말이기도 하다.

★ ─ 유학을 결심하고 집 근처 어학원에 상담을 갔다. 그때 한 강사가 내게 넌지시 물어본 말이 있다.

"학생은 왜 영어공부를 하려고 해요?"

"네? 영어를 잘하면 유학을 갈 수 있으니까요."

"그럼 영어를 얼마나 잘해야 유학을 갈 수 있을까요?"

"글쎄요. 그건 잘 모르겠는데, 그냥 유학을 할 수 있을 만큼….'

막상 이 질문을 받았을 때 나는 쉽게 대답할 수가 없었다. 지금 와서 생각해보면 그때 그 강사는 내게 매우 소중한 질문을 던져준 것이었다.

내가 영어공부를 하려고 했던 근본적인 이유는 내가 원하는 공부를 하기 위한 유학이었다. 그리고 최종 목적은 바로 학위를 받는 일이었다. 영어공부를 하는 이유와 최종 목표에 대해 나는 영어공부를 시작한 날로부터 학위를 받은 날까지 잊은 적이 없다. 그리고 이 질문에 대한 답변은 지난 수년간의 영어공부 기간 동안, 많은 좌절에도 꿋꿋이 극복해나갈 수 있었던 근본적인 힘이었다.

머뭇거리는 내 모습을 보면서 그 강사는 이렇게 말했다.

"영어의 바다는 끝이 없습니다. 언어는 수천 년 동안 내려오는 그 민족의 문화고 삶이기 때문에 성인이 되어 다른 언어를 100% 익힌다는 것은 거의 불가능한 일이에요. 그러니 언어습득 능력이 거의 0%

가 되는 성인이라면 영어공부에 대해 확실한 목적을 가져야 합니다. 즉, 넓은 영어의 한쪽 부분을 목표 삼아 정복해 나가야 한다는 뜻이죠. 이렇게 예를 들어본다면 쉽겠네. 넓은 사막이 있어요. 그런데 사람 혼자서 그 넓은 사막에 모두 나무를 심는 것은 불가능하겠죠? 그래서 어느 정도 영역을 정하고 그 부분에만 나무를 심어야 합니다. 저는 가끔 영어공부를 한다고 사막 전체를 숲으로 만들려는 무모한, 아니 왜 영어공부를 하는지 목표의식조차 없는 학생들을 자주 봐요. 내가 학생에게 왜 공부를 하느냐고 물어봤을 때 유학이라고 답했죠? 그럼 영어공부를 하는 첫날부터 유학을 위해 공부한다는 사실을 절대 잊으면 안 됩니다. 저도 외국에서 대학원을 나왔는데 입학의 가장 큰 걸림돌은 영어 실력이지요. 아마 영어만 잘하면 쉽게 어느 대학 어느 과든 입학이 가능해요. 그러니 앞으로 할 영어공부는 단순히 영어공부가 아니라 수능 같은 입학시험이라고 생각하셔야 해요. 제 말뜻을 알겠죠?"

정말 그랬다. 지금 영어를 가르치는 입장에서 보면 그분 덕택에 나는 너무나 평범하지만, 소중한 진리를 일찍 깨달을 수 있었다.

지금도 많은 학생들이 아무런 개념 없이 그저 영어공부를 하기 위해 외국을 나간다. 내가 이렇게 침이 마르도록 강조하는 것은 대부분의 학생들이 처음이야 다들 열심히 하지만 문제는 시간이 지나고 지치고 힘들 때 뚜렷한 목표의식이 없으면 낙오하는 경우를 수없이 봐왔기 때문이다.

그 강사는 계속 말을 이어갔다.

"학생 지금 나이가 어떻게 돼요?"

"서른이에요."

"그럼 늦은 나이에 영어를 시작하시는 거네?"

"네, 곧 직장 그만두고 본격적으로 영어공부 하려구요."

"나도 늦은 나이에 시작했어요. 그런데 이 점은 꼭 명심하세요. 만약 학생이 외국에서 영어연수를 하는 데 월 100만 원이 든다고 가정해보자구요. 그럼 그게 단지 100만 원만 들어가는 돈일까요? 만약 지금 일하는 직장에서 받는 월급이 200만 원이라면, 직장을 그만두고 연수를 하는 거니까 결국 월 300만 원을 쓰는 꼴이잖아요. 그쵸?"

나는 순간 '헉!' 하고 말았다. 정말 그랬다. 막연히 학비와 생활비 정도만 생각했던 나에게 일침을 가하는 한마디였다. 내가 유학 기간 동안 쓸 비용은 단순히 학비와 생활비뿐만이 아니었다. 직장을 그만두고 쓰는 돈이니 결국엔 그 이상의 돈을 쓰는 셈이 되는 것이다.

어쨌든 그날 나는 영어공부에 대한 확고한 목표의식을 다시 한 번 되새길 수 있었다. 그리고 이런 확고한 목표의식은 공부를 하는 동안 힘들 때마다 나를 지탱해준 큰 힘이었다.

❻ How. 어떻게 공부할 것인가?

★ ― "선생님 좀 과한 욕심일지 모르겠는데요. 제 나이도 있고 그러니 내후년 9월에는 대학원에 입학을 하고 싶어요. 그러니깐 1년 7개월 정도의 시간이 있는데요. 어떻게 하면 될까요?"

"시간이 중요하겠어요? 얼마나 열심히 하느냐가 관건이겠죠. 사실 영어는 빈 항아리에 물을 채워 넣는 과정이라고 생각하면 돼요."

내가 만난 한 강사는 "영어는 빈 항아리에 물을 채워넣는 것"과 같다는 말을 해주었다.

이 말이 내게는 매우 긍정적으로 들렸다. 누구나 열심히 하면 된다는 뜻이기도 했으니까 말이다.

영어라고는 입 밖에 내보지도 않았던 내가 영어 정복에 낙관적이었던 이유는 열심히 부으면 항아리가 찬다는 아주 단순한 진리, 즉 언어능력은 좀 떨어져도 나이가 들어 머리가 좀 늦게 돌아가도 열심히 할 자신 하나는 있었기 때문이었다.

"우선, 학생은 매우 기초니까요. 크게 기초, 기본, 고급으로 나누어 잡으세요. 기초는 우리나라 영어교육 기준으로 중학교 수준 정도를 말하는데, 의외로 이 과정은 빠르게 익혀질 거예요. 지금 아무리 영어를 못한다 해도 중학교 때까지는 배워온 게 있기 때문에 일단 공부를 하면 어느 정도 기억이 나거든요. 그러니까 어릴 적 고향 동네가 전혀 기억나지 않는 사람에게 살짝 고향 사진을 보여주면 어렴풋이 기억을 되살릴 수 있는 것과 같죠. 더군다나 이때는 시작 단계이기 때문에 체력이나 정신력이 좋으니까 생각보다 빨리 늘 거예요.

문제는 두 번째 기본 항아리를 채우는 거예요. 어느 과목이든 마찬가지지만 중학교와 고등학교의 수준은 많은 차이를 보이죠? 그래서 기본 과정은 생각보다 길고 어려울 거예요. 체력이나 정신력 같은 외형적인 힘도 많이 소진될 때기도 하고요. 어쨌든 이 고비를 넘겨야 합니다. 보통 기초인 분들이 이 과정을 마무리하는 데 최소한 1년 이상이 걸리거든요. 물론 개인에 따라 다르지만 열심히 한다면 더 빨리도 가능하겠죠.

그리고 마지막이 고급 단계예요. 고급 단계는 말 그대로 대학에 입학할 수 있는 수학능력을 키우는 과정이겠죠. 유학을 가서 강의를 들을 수 있을 정도의 리스닝 능력과 교재, 즉 원서를 읽을 수 있을 정도의 리딩 능력, 리포터 과제나 논문을 쓸 수 있을 정도의 라이팅 능력, 그리고 어떤 주제로 외국인들과 토론을 할 수 있을 정도의 스피킹 능력을 키우는 것으로 학생이 영어공부 하려는 최종 목적에 도달하는 과정입니다. 보통 이 과정은 토플 같은 시험 대비를 많이 하지요. 가장 어려운 과정이긴 하지만 중간 과정을 잘 보내면 의외로 매우 쉬운 과정이기도 해요. 이때쯤 되면 이미 어떻게 공부해야 하는지 개인의 공부 노하우가 있고, 또 이미 영어에 익숙한 상태이기 때문에 처음에만 조금 고생하면 오히려 쉬운 단계가 될 수 있어요."

이야기를 마친 뒤 집에 돌아와 나는 들은 내용을 바탕으로 정리를 하기 시작했다.

단계	수준	기간	공부할 내용
초급	초등학교~ 중학교 수준	약 4개월	기초 영어 : 기초 영문법, 그림 회화책, 만화영화, 기초 영작문, 중학생을 위한 보케블러리, 중학교 수준의 리스닝 등
중급	중학교~ 고등학교 수준	약 8개월	기본 영어 : 기본 문법책, 고교필수 단어, 영화 대본 및 테이프, 영어표현사전, 고교생을 위한 라이팅 교재, 한국어 신문, 〈리더스다이제스트〉 등의 외국 잡지 등
고급	고등학교 수준 이상	약 7개월	시험 대비 : TOEFL, IELTS 등 유학생들을 위한 시험 교재, 〈코리아 헤럴드〉 등

이렇게 정리를 해보니 공부 계획이 한결 정리되는 것 같았고, 왠지 모를 희망과 용기도 불끈 솟았다. 그러나 마음 한편으로는 두려움도 조금씩 커지기 시작했다.

'이제 무조건 열심히 물만 부으면 되겠구나! 그런데, 과연 내가 해낼 수 있을까? 괜한 시도는 아닐까? 그냥… 지금이라도 포기할까?'

영어공부를 하기로 결정한 뒤, 그날은 내가 유일하게 잠 못 든 밤이었다.

★ ― 다시 찾은 영어학원, "선생님께서 말씀하신 대로 교재랑 스터디 플랜도 짰는데요. 혹시 필리핀에 아는 곳이 있으신지요? 머리털 나고 한 번도 해외에 나가본 적이 없어서요. 어떻게 하면 좋을지…."

"글쎄요, 그건 제가 어떻게 해드릴 수가 없는데…. 참, 제가 전에 머물렀던 필리핀 하숙집이 있긴 한데 그리로 가시겠어요? 그런데 필리핀 가정이라 한국 음식은 못 드세요. 튜터는 주인분이 알아서 해주실 거예요. 가끔 한국 학생들을 받는 것 같던데… 제가 한번 알아봐 드리죠. 그런데 저만 믿지 마시고 다른 곳도 알아보세요."

운이 좋았는지 나는 그 필리핀 가정과 연결이 되었고 출국 날짜까지 잡을 수 있었다.

교재와 스터디 플랜, 전자사전, 기타 준비물 그리고 항공권과 여권까지. 자, 이제 기본 준비는 모두 끝났다.

누가 보면 한심한 짓이라고 생각할지도 모른다. 직장 동료의 말처럼 그 시간에 차라리 단어 하나 더 외우지 무슨 대단한 일이라고 전쟁터에 나가는 사람처럼 저리 장엄하게 준비를 해대냐고 말이다. 하지만 당시 나에게 중요했던 것은 영어 단어 하나가 아니라, 영어라는 낯선 산을 정복하는 길이기에 어떤 길을 어떤 장비로 어떻게 효과적으로 갈 수 있을지, 그 '과정과 방법'을 어느 정도 머릿속으로 그리는 준비였다.

　이런 준비는 마음가짐을 다잡는 데도 매우 중요한데 사람의 마음은 약하고 간사해서 몸과 마음이 힘들면 쉬운 길을 찾으려 한다. 100쪽짜리 책 한 권을 끝내기로 스스로 약속해놓고 공부를 하다 힘들고 하기 싫으면 '굳이 이 책을 끝낼 필요가 있을까?'라는 간사한 마음이 들고, 눈은 자기도 모르게 50쪽짜리 다른 책으로 향하게 되어 있다. 스스로 약속을 해도 이러는 게 사람 마음인데, 별다른 계획 없이 그때그때 공부를 한다면 앞으로의 일은 불 보듯 뻔한 일이었다.

　나는 과감히 사표를 냈다. 서른이 넘은 나이에, 한창 일할 나이에 다니던 직장을 그만두자 주위의 시선은 절대 곱지 않았다. 하지만 유학을 가겠다는, 영어를 정복하겠다는 확고한 마음가짐이 있었기에 나에게 그런 시선들은 중요치 않았다.

　출국 전날이었다. 짐을 모두 싸고 마지막으로 핸드폰을 정지했다. 기분이 참 묘했다. 무슨 감옥에 들어가는 것도 아닌데 말이다. 그래서 기념사진을 한 장 찍어두었다.

　'부디 내가 이 핸드폰의 정지를 풀 때는 영어로 꿈꾸고 잠꼬대 할 수 있는, 그런 내가 되자. 더 이상 영어로 망신당하지 않는 그런 내가 되자. 가슴에 부푼 꿈을 안고 영국행 비행기 티켓을 끊을 수 있는 내가 되자…'

　그렇게 설레임 반 두려움 반으로 영어 왕초보 송용진의 한국에서의 마지막 밤은 지나가고 있었다.

다음 날, 나는 필리핀행 국제선 비행기에 몸을 실었다.

비행기를 처음 타보는 나. ^^;

'와, 승무원이 외국인이네? 신기하다!'

식사시간이 되자, 앞좌석부터 음식이 제공되고 있었다. 이럴 것을 대비해 내가 외워둔 표현이 있었다.

'분명 승무원은 "What would you like, beef or chicken?"이라고 할 거야. 그럼 나는 "Well, I would like to eat beef."라고 대답하고 "thank you."로 마무리 해야지! 불끈!'

그리고 곧 내 차례가 왔다.

"Good evening! sorry sir. I am afraid we've got only chicken, it's ok with you? 손님, 죄송하지만 치킨 요리만 준비되는데 괜찮으시겠어요?"

'헉! 이건 아닌데? 왜 would you like를 안 하는 거야, 어쩌지? 바들바들~~'

말문이 턱 막혀버린 나. 결국 준비한 말은 한마디도 쓰지 못하고 썩은 미소와 함께 한 말은 "Thank you!"였다. 그날 비행기 안에서 나는 그리 좋아하지도 않는 닭고기를 우적우적 씹으며 또 한 번 마음을 다잡았다.

'두고 보셔. 나중에 한국으로 돌아오는 비행기 안에서는 반드시 소고기를 먹고 말테야!'

쏭선생의
기초 영어 정복기
| 4개월 |

❶ 평생 말할 "OK"를 하루에 다하다

★ ─ 하숙집에 도착한 첫날 오후, 주인아저씨는 나를 근처 쇼핑몰에 데려가 구경을 시켜주고 저녁에는 필리핀 음식점에서 맛있는 식사까지 사주셨다. 그날은 내가 태어나서 하루 종일 한국말을 한 마디도 써보지 못한 날이기도 했다.

물론, 쓰긴 썼다. 문제는 한국말을 알아듣는 사람이 한 명도 없었다는 것. 그야말로 가관이었다. 한 손엔 영어표현사전, 또 한 손엔 전자사전, 그런데 정말 웃긴 것은 정작 전자사전을 쓴 건 내가 아니라 주인아저씨였다는 점이다.

원래 한 끈기 하신다는 주인아저씨인데, 그날은 너무 답답하셨던지 나중에는 아예 전자사전을 당신이 직접 들고 다니셨다. 주인아저씨의 어떤 단어도 내가 무슨 말인지 이해를 하지 못했으니 말이다. 처음엔 말을 하다가 안 되겠으니 중요 단어 하나만 말씀을 하시고, 그것도 안 되겠으니 손짓 발짓으로 천천히 말씀을 하시고, 그것도 안 되겠으니 결국 내 전자사전에 직접 영어를 입력하시고 한글로 나오는 뜻을 내게 보여주셨다. 드디어 한계를 드러내신 게지… 후후. 그 시작은 문방구에서부터였다.

"Yong jin? would you like to go to stationary? 용진 씨? 문구점에 가지 않을래?"

"예? 맙소사, 한국어로 '예' 라니"

Part 3 쏭선생의 기초 영어 정복기 • 63

"Do you want to buy something? 뭐 살 거 없어?"

"예? 여전히 똑같은 음조로"

"Ok, you may not understand…, let me tell you about stationary….
음, 내 말을 이해하지 못하는 것 같은데, 내가 stationary의 뜻을 말해줄께…"

한참 뒤 주인아저씨는 결국 설명을 포기하고 내 전자사전을 두들겼다. 사전 화면에 나온 단어는 "stationary = 문방구"였다.

'아, 이 무슨 망신이란 말인가!'

내 수준이 이러니 당시의 대화는 아주 짧고 단순한 단어만으로 진행되었다. yes, no, hungry, nice 같은. 그리고 가장 많이 쓴 단어는 OK. 이 말은 그날 하루만 십만 번 정도 쓴 것 같다. 모르니 뭐든 OK다.

'아, 이것이 현실이구나~ 흑!'

그날 반나절의 외출이 마치 6개월처럼 느껴질 만큼 나는 긴장의 연속이었다. 말이 막히고 버벅댈 때마다 생각나는 엄마의 얼굴, 그리고 그 말씀, "이놈아, 지금 공부 안 해놓으면 나중에 몇 백 배 후회하고 몇 백 배 힘들어진다. 제발 엄마 말 듣고 공부 좀 해라!"

그날만큼은 가슴 절절이 그 소리가 메아리치듯 들렸다.

❷ 개인 튜터를 만나다

★── 드디어 수업 첫날. 주인아저씨는 주변에 아는 영어 강사를 나에게 소개시켜주었고 드디어 첫날 첫 수업이 시작되었다. 가슴은 두근 반 세근 반.

보통 첫날에는 선생과 학생이 서로 자기소개를 한다. 지금도 그렇지만 보통 한국 사람들이 외국에 나가면 대부분 영어 이름을 만들어 쓰게 되는데, 내 영어 이름은 '제임스'니 '켈빈'이니 하는 멋진 이름이 아니라, 어떻게 하다 보니 촌스럽게 그냥 '쏘~옹-Ssong'이 되었다. 사실 이 이름은 내가 지은 게 아니라 선생님이 지어준 이름이다. 첫날 첫 시간, 지금도 그분의 얼굴이 생생하게 기억난다. 매우 당찬 선생님이셨다.

"Oh~ Hi~ Nice to meet you~"

"Ah… 일단 웃음으로 때웠다"

선생은 계속 말을 이어갔다.

"My name is Christine. I am your English Teacher, and you?"

"응? 저요? ^^;;;"

외국인 앞에서 한국말로 "응? 저요?"라니….

어쨌든 다시 한 번 잘 들어보니 내 이름이 무엇인지 물어보는 것 같아 이름을 자신 있게 말하려고 했다. 송. 용. 진. 얼마나 쉬운 이름인가! 하지만 그렇게 30년 넘게 불리고 불렀던 내 이름 '송용진'이 목구멍 바로 앞까지만 와 있고 절대 밖으로 나올 생각을 안 했다.

"마 마 마… 마이… 네 네 네… 임… 소 소 쏘… 쏭…버벅 버벅"

답답했던 선생은 내 말을 살짝 자르며, "Ah, Your Name is so~~~ong, Right? ok~ good!" 하신다.

필리핀 튜터와의 1:1 수업시간. 오직 나만을 위한 튜터이고 수업이다.

그때 그 선생님께서 웃으시며 말씀하신 "쏘오옹". 그 뒤로 내 영어 이름은 "쏘오옹"이 되었다. 우리가 흔히 쓰는 Pop-song을 '팝송'이라 안 하고 '팝쏭'이라 발음하듯, 사실 '쏭'이란 단어를 영어로 쓴다면 그냥 'Song'이 맞다. 따라서 내 영어 이름을 정확히 말하면 'Ssong'은 '쏭'이 아니라 '쏘오옹'이 된다. 당시 내가 얼마나 떨었으면, 또 그것이 얼마나 재미있었으면 그 선생이 내 영어 이름을 '쏘오옹Ssong'이라고 지어줬을까? 지금도 그때를 생각하면 히죽 히죽 웃음이 절로 나온다.

되돌아보면 운동이든 공부든 기초일 때가 재미있다. 거기엔 몇 가지 이유가 있다. 우선 체력과 하고자 하는 의지, 즉 정신력이 매우 강하다. 그리고 이제 막 시작하는 것이니 깊은 세계를 알 리가 없다. 하룻강아지 범 무서운 줄 모르기에 겁이 없다. 그래서인지 내가 영어에 대해 가장 흥미를 느끼고 재미있었던 시기가 바로 기초 항아리를 채울 때였다. 영어 한마디 더 써보고 싶어 안달이 난 때가 바로 이때였고, 내가 영어의 천재인 줄 착각한 때도 바로 이때였다. 하긴 무엇이 두려웠겠는가? 아는 것이 없는데.

★ — 새로운 도전에 대한 흥분 때문인지 아니면 강한 정신력의 유효 기간이어서인지 새벽 4시면 벌떡벌떡 잠에서 깨어났다.

❸ 3초 안에 영어로 말하기

일어나자마자 나는 앞마당에서 가볍게 체조를 한 뒤 맑은 정신으로 회화책을 폈다. 이 책은 생활 속에 일어나는 모든 일들을 간단한 한 컷 한 컷 그림으로 표현한 그림책이다. 어떤 사물이나 현상을 보고 그것을 한국어로 생각하고 번역 과정을 통해 영어로 표현하는 것이 아니라, 한국어 과정을 건너뛰고 바로 영어로 말할 수 있도록 연습할 수 있는 교재다. 예를 들어, 사과 그림이 있으면 '어! 사과네? 사과는 apple이지' 라고 생각해 "애플!"을 외치는 것이 아니라, 사과 그림을 보고 바로 "Apple~!!"을 외칠 수 있는 능력을 기르는 것이다.

물론 그림도 매우 단순하고 그림에 맞는 표현 역시 중학교 1학년 수준도 안 되는 쉬운 영어 표현이다. 그러나 기초인 나는 그것도 쉽지 않았기에 단어 하나 하나와 문장 한 줄도 낯설기만 했다. 이 책을 펼칠 때마다 '아, 중학교 때 영어 좀 열심히 할걸… 이 무슨 고생인가.' 하는 생각을 수백 번은 했다. 하지만 걱정은 늘 걱정으로 끝난다고, 나는 다시 마음을 다잡고 그림 하나를 보고 수십 번씩 반복하면서 큰 소리로 연습했다.

이 교재를 추천해 주셨던 한국의 강사분은 그림을 보고 바로 영어가 나올 만큼 반복을 해야 이 책을 공부하는 효과가 있다고 조언을 해주었다. 그래서 나름대로 목표를 정했는데, 그림을 보고 3초 안에 영어가 튀어나오게 하는 것이었다. 물론 쉬운 일이 절대 아니었다. 영어 스펠링 자체가 익숙하지 않기 때문이었다.

그래서 생각해낸 방법이 영어 밑에 한글로 발음표기를 해두는 것이었다. 전 세계 문자 중 가장 과학적인 문자가 바로 한글이라고 하는데, 실제로도 그랬다. 한글로는 표기할 수 없는 발음이 거의 없었다.

"Oh, it's 9 o'clock. 오우, 잇츠 나인 어클락"

"It's time to go to bed. 잇츠 타임 투 고우 투 베드"

그리고 단순하게 발음만 해서는 안 된다. 반드시 그 그림의 상황에 맞는 액션과 표정이 있어야 한다. 말을 할 때 적절한 액션과 표정은 우리나라 사람들에게 상당히 힘든 일이다. 중고등학교 영어시간에 학생들이 영어 책을 읽을 때의 표정을 보라. 모두가 무표정이다. 요즘은 로봇도 감정 섞인 말을 하는 세상인데, 우리나라 사람들은 남녀노소를 막론하고 모든 사람의 표정이 같다. 그래서 나는 최대한 표정을 살리며 반복해 읽었다. 만약 누군가 나의 이런 모습을 보고 있으면 개그콘서트의 한 장면을 보는 듯했을 것이다.

예를 들어, 주인공이 유리를 깨면서 놀라는 장면이 있다고 치자. "oops, he breaks glass~!"에서는 실제로 내가 놀란 듯 표정을 짓고, 파리가 죽어 슬퍼하는 장면에서는 "Oh~ no~ The fly was death." 하며 슬퍼했다. 목적에 따라 약간씩 다른 영어공부를 하는 것이 맞겠지만, 어쨌든 궁극적인 목적은 실전에서 사용을 하는 것이다. 그것이 사업이건 취업이건 입시건 간에 말이다. 그런 걸 생각하면 행동과 표정을 함께 연습하는 것은 매우 중요하다는 생각이었다.

수업시간은 의외로 매우 단순했다. 선생은 내가 외워온 것을 물어보고 다음 장에 대한 문장을 만들어주는 정도였다. 이 수업을 통해서 나는 선생의 역할은 영어를 할 수 있는 분위기를 조성해주는 '분위기 메이커'지 나의 영어 실력을 직접적으로 100% 향상시켜주지는 않는다는 교훈을 얻을 수 있었다. 맞다. 영어는 그렇게 혼자 반복하고 외우는 것이 중요했다.

어쨌든 그날도 공포의 숙제 검사 시간이 왔다. 선생은 전날 배운 그림들내가 열심히 반복하고 암기했던 표현을 임의로 지목했다.

"What's this?"

주어진 질문에 나는 3초 안에 대답해야 했다. 3초 안에 대답하지 못한다는 것은 여전히 한국어로 생각하고 있다는 뜻이기 때문이다.

"Ok, ssong~ what's this?"

"아, 아, 아… 히 이스 러 러러… 버벅버벅…"

이미 시간은 3초를 넘어갔고, 내 팔뚝에는 선생의 날카로운 손톱자국이 그려지기 시작했다.

"윽!"

　수업을 하기 전, 나는 선생에게 "만약 내가 3초 안에 대답을 못하면 내 팔뚝을 손톱으로 할퀴어달라"고 장난삼아 부탁을 했었다. 그런데 선생은 이 제안을 정말 심각하게 받아들였고 여기서 나타나는 내 영어 표현력의 한계^^; 그 뒤 3초 안에 대답을 못하면 선생의 긴 손톱은 영락없이 내 팔뚝을 할퀴고 지나갔다. 그러나 나는 좋았다. 처음에는 장난이었지만, 실제로도 정말 아파서 더 노력을 한 것도 사실이기 때문이다.

　또 한 가지 이 교재를 통해 배운 것은 생활영어와 문법을 동시에 잡을 수 있다는 데 있었다. 그림 자체가 워낙 일상생활의 내용인지라 진도를 나가면서 액션과 표정까지 살아 있는 일상회화를 배울 수 있었고, 그림 한 컷 한 컷별로 표현되는 간단한 문장의 동사를 시제에 따라 바꾸어 연습함으로써 회화에서 가장 힘든 문법인 시제까지 익힐 수 있었다.

예를 들어 샤워하는 장면의 그림이 있다. 이에 대한 기본형을 바탕으로 현재형 he takes a shower., 과거형 he took a shower., 과거진행형 he was taking a shower., 미래형 he will take a shower. 등 하나의 문장으로 4개의 다양한 시제를 변형해 공부한 것이다. 이렇게 하루 2시간 자습, 2시간 수업으로 총 4시간씩 4개월간 쉬지 않고 반복했으니 지금 내가 쓰는 일상회화는 모두 이때 연습되어 나온 것이 아닐까 싶다.

❹ 말하고 듣지 못하는 단어는 내 단어가 아니다?

★ ─ 공포의 단어 암기 시간. 단어는 정말 너무 너무 안 외워진다. 그래서 나는 단어 암기를 할 때마다 박찬호 선수를 떠올리곤 했다. 박찬호 선수는 국내에서 최고의 선수였지만 처음에는 2%가 부족한 미완의 선수였다. 그러던 그가 미국 메이저리그에서 체계적인 훈련을 받고 최고의 선수가 되었다. 볼 스피드도 빨라지고 제구력도 좋아졌다. 그런 박찬호 선수의 성공을 보면서, 우리는 미국에 갔으니 당연히 그렇게 되었지, 라고 감탄만 한다. 그러나 우리가 간과하고 있는 것이 하나 있다. 그것은 최고의 코치와 시스템 안에서 훈련받는 박찬호 선수였지만 정작 피땀 흘리며 공을 던지는 것은 박찬호 선수 자신이었다는 점이다. 다시 말해 공을 던지는 일은 박찬호의 몫이고 노력이지 어느 누구도 그 역할을 도와주거나 대신할 수 없다는 뜻이다.

단어 암기도 마찬가지라는 생각이다. 아무리 메이저리그급의 좋은 선생, 좋은 커리큘럼이 있다고 해도 단어 암기는 본인 스스로가 해결해야 할 문제다. 그것은 피칭 연습 자체가 박찬호 선수의 몫인 것과 같은 이치다.

초보자들에게 단어 암기는 정말 힘든 일이다. 영어 단어 자체가 익숙하지 않기 때문이다. 그런데 단어 암기의 궁극적인 목적을 생각해 보면 어떻게 외워야 할지 답이 나온다.

'왜 단어를 암기하지? 그렇지, 써먹기 위해서지! 외운 단어를 보고 읽을 수 있고 쓸 수 있고 상대방과 회화를 할 때 적절히 말할 수 있고 들을 수 있게 하기 위해서잖아…. 그럼 그렇게 공부를 해야지.'

단순한 생각이지만, 이런 생각을 하기란 결코 쉽지 않다. 그저 내 눈 앞에 단어가 있으니 그것을 외울 뿐이다. 그래서 내가 썼던 암기 방법은 쓰고, 읽고, 말하고, 듣는 것을 함께하는 것이었다.

당시 내가 처음 연습한 교재는 중학생 수준의 단어집이었다. 내가 하루에 외워야 할 단어의 수는 20개였다. 지금 보면 쉬운 단어들이지만, 그때는 왜 그리도 어려웠을까?

예를 들어, 외울 단어가 'enjoy 즐기다, company 친구, 동료, dictionary 사전, prize 상, soldier 군인, pet 애완동물, opinion 의견' 등 20개라고 하자.

우선 나는 20개의 단어에 예문을 두 개씩 넣어 40개의 문장을 단어집에 적었다.

- enjoy〔엔조이〕: **즐기다** 1) I enjoy my lunch. 2) He enjoyed listening to music.
- company〔컴퍼니〕: **친구, 회사** 1) He is my company. 2) This company is very big.

눈으로는 읽고, 손으로는 쓰면서 그렇게 단어들을 익혔다. 그런데 그것만으로는 부족했다. 막상 써먹지 않으면 아무리 눈과 손으로 익숙해져도 말로 나오지 않기 때문이었다. 단어 암기는 주로 새벽시간을 이용했는데, 그래서 아침식사 때마다 나는 주인아저씨와 아주머니께 의도적으로 새벽에 외운 단어들을 이용해 말을 걸었다.

일테면, 위에서 암기한 단어를 이용해 "Do you know 'enjoy'? '엔조이'란 단어를 알아요?" 하고 물으면, 아저씨는 황당하다는 듯 "Of course, I do. 물론 알지." 하셨다.

나는 웃으며 다시 한 번, "Really? me too. I know 'enjoy' 정말요? 나도 이 단어를 아는데."라고 말했다. 그리고는 "I like enjoy, I love enjoy. 나는 enjoy이란 단어가 좋고 사랑스러워요."라는 쓸데없는 말까지 덧붙였다.

이런 말도 안 되는 대화에 처음엔 아저씨의 당황스런 표정이 역력했지만, 내 의도를 알고 난 뒤부터 아저씨는 오히려 내가 외운 단어를 이용해 내게 말을 걸고 매우 쉬운 표현으로 나는 그 단어를 이용해 대답을 했다.

만약 그때 그 상황을 녹음하고 누군가 들어본다면 어땠을까? 이건 누가 봐도 이제 막 말을 하기 시작하는 3~4살짜리 꼬마와 아빠의 대화일 것이다. 너무 창피하고 한심해 보일까? 아니다. 이런 과정이 없었다면 지금의 나 역시 없을 테니까.

★ ― **영어회화 시간이다.** 말 그대로 대화를 하는 시간인데 교재로 사용한 것은 시중에서 흔히 살 수 있는 〈기초 영어표현사전 + CD〉였다. 워낙 기초였던 실력 탓에 나는 한 국어로 어느 정도 발음이 표기된 책을 사용했다.

회화수업 역시 전날 어느 정도 내용을 익힌 뒤 수업을 따라갔다. 회화를 늘리는 가장 좋은 방법은 열심히 따라하면서 반복해 익히는 것이다. 이것 말고 다른 방법이 있을까? 결코 다른 방법은 없다. 큰 소리로 반복하는 것, 그것이 가장 빠른 길이고 가장 정확한 길이다.

'보자, 오늘은 어디 할 차례지? 아~ 백화점 대화구나.'

나는 CD를 틀고 오늘 공부할 부분을 따라 읽는다. 엄밀히 말하면 따라 읽는 것이 아니라 그냥 목소리만 따라 말하는 것이다. 즉 CD에서 나오는 소리를 그대로 성대모사 하는 것이라 생각하면 된다. 그렇게 수십 번을 반복해서 들은 후 큰 거울 앞에 섰다. 그리고 CD에서 나오는 그 목소리 그 톤으로 첫 대사를 읊는다.

"May I help you? 메아 헬퓨유?"

얼굴에는 살인미소를, 손은 공손히 모으고, 마치 백화점 점원이 된 양 거울을 보며 나는 다시 시도를 해본다.

"메아 헬퓨유? 메아 헬퓨유? 아냐, 너무 무뚝뚝하게 말하잖아. 더 친절하게 해보자, 메아 헬퓨유? 좋아, 이제 손님을 해봐야지."

나는 다시 자세를 바꾸고 이번엔 카메라를 찍는 시늉을 하면서 점원에게 말을 건다.

"I'm looking for a camera. 암 루킨포 어 카메라, 암 루킨포 어 카메라, 카메라 찍는 시늉을 하며, 암 루킨포 어 카메라, 암 루킨포 어 카메라~~"

이제 다시 점원으로 순식간에 역할이 바뀌고, 또 한 번의 살인미소와 함께 손가락을 위로 향하며, "It's on the second floor~ 잇츠 온더 세컨 플로월~ 잇츠 온더 세컨 플로월~ 잇츠 온더 세컨 플로월. 이 한 마디를 20~30번씩 반복한다"

다시 손님이 되어, "thank you~ 땡큐~"

생각해보면 정말 가관이다. 혼자서 온갖 쇼를 다 했다. 이렇게 직접 움직이면서 내 표정을 보면서 연습을 하는 것은 도서관 한쪽 구석에서 중얼중얼 회화책을 따라하는 것과는 감히 비교가 될 수 없을 만큼 효과적이다. 물론 여기서가 끝이 아니다. 이런 쇼는 단지 리허설일 뿐이다. 본격적인 쇼는 다음 날 개인 튜터와 함께했기 때문이다.

수업이 시작되면 나는 전날 혼자 했던 쇼를 떠올리며 선생과 본격적인 연기에 들어간다. 책상에 앉아서가 아닌, 일어서서 말이다. 우선 선생이 들어오는 척을 하면 나는 정중히 인사를 하고 "헬로 맘~ 메아 헬퓨유?" 선생은 능글맞게 "헬로~ 음, 암 루킨포 어 카메라." 그러면 나는 어제 혼자 하드 트레이닝을 했던 살인미소를 지으며 동시

에 손가락을 위로 향한 채 "잇츠 온더 세컨 플로월~." 선생은 같이 저 위를 보고 위치를 알았다는 듯이 다시 나를 보며 "오우 땡큐~"로 회화를 마친다. 중간에 혹 NG라도 나면 다시 해야 한다. 이렇게 잘 끝나면 다시 역할을 바꾸어 연기에 들어간다.

우체국, 백화점, 비행기 등 수업시간에 배우는 회화 장소는 매우 다양했다. 물론 나는 문장 하나 하나를 단어처럼 외우려고 하지 않았다. 선생과 혹은 혼자서 그 대사가 거의 외워질 정도로 반복을 했고, 설령 잊어버린다 해도 워낙 책이 간단하고 얇아 또다시 그 차례가 오기 때문에 3개월 후에는 모든 내용이 이미 내 눈과 입에 익숙한 상태까지 이르렀다.

★ ─ '받아쓰기'는 초등학교 저학년 때 들어보고 까마득히 잊고 있었던 말이었다. 선생님이 또박또박 읽어주시면 연필 끝에 힘을 주며 한자 한자 써내려갔던 기억이 또렷하

다. 그 받아쓰기를 20년 만에 다시 하기 시작했다. 한글이 아닌 영어로 말이다. 물론 이 받아쓰기 역시 내가 미리 공부한 내용을 바탕으로 했다.

내 기억으로는 노트 절반 정도 분량의 아주 짧은 내용이었다. 교재는 받아쓰기를 위한 책이 아니라, 초보자들을 위한 리딩책이었다. 서점에 가면 보통 쉬운 읽기 책엔 그 내용을 네이티브가 녹음한 CD를 같이 넣어 판매하는데 그런 종류의 책 중 한 권이었다.

우선 리딩 공부를 했다. 지금 보면 너무나 단순한 내용이지만 당시에는 진땀 빼는 공부였는지라 해설판이 없으면 절대로 독해가 되지 않았다. 마치 미취학 아동들이 또박또박 한글책을 읽어나가듯 나는 그렇게 리딩을 공부했다. 그리고 공부한 부분을 CD를 통해 듣고 따라하기도 했다. 여기까지가 혼자 공부이다.

다음 날, 선생은 전날 내가 공부한 리딩 부분을 매우 천천히, 또박또박 읽어주신다.

"Ok ssong, please write down! 좋아 쏭, 그럼 받아 적어보세요."

"A boy… a boy… a boy… is running around… is… running… a‥ a‥ arou‥ around…the restaurant… 소년‥ 소년‥ 소년이‥ 뛰어 다녔‥ 뛰어 다니고 있습니다… 음식점… 주변을…"

"Teacher! wait wait… can you please repeat it? 잠시만요, 선생님, 다시 한 번만요."

"Ok~ again~ a boy… is running around… the restaurant… 오케이 다시‥ 소년이 음식점 주변을 뛰어 다니고 있습니다. Finish? 끝났어요?"

"Yes, teacher. 네, 선생님"

"Ok, next… 좋아요, 다음…"

받아쓰기dictation라고 하면, 많은 사람들이 CNN 같은 뉴스가 나오면 그것을 일필휘지로 받아 적는 것을 상상할지 모르겠다. 그러나 실력이 실력인 만큼 그런 받아쓰기는 상상조차 할 수 없었고, 초등학생이 듣는다는 본문 CD조차 속도가 빨라 본문 내용을 선생님께서 정말 천천히, 마치 테잎이 늘어지는 듯하게 읽어주고 그것을 나는 받아 적었다. 그것도 내가 미리 리딩을 공부하고 CD를 통해 여러 번 들었던 친숙한 내용이니 그 정도였지, 생전 들어보지도 못한 내용이었다면 단 한 자도 적지 못했을 것이다.

이 수업은 단순히 내용을 듣고 받아 적는 받아쓰기가 아니었다. 여기에는 내가 미리 내용을 파악한, 즉 리딩이 들어 있고, 그 내용을 들는 리스닝이 들어 있고, 그것을 받아 적는 라이팅이 들어 있었다. 결과적으로는 공부해야 할 양에 비해 상대적으로 시간이 부족했던 나에게 한 번에 여러 마리의 토끼를 잡을 수 있었던 수업이었다.

❼ 나도 모르게 내공이 쌓이는 나홀로 영화수업

★ — 영어를 공부하는 방법에 대해

많은 전문가들이 영화를 추천한다. 영화의 교재는 그 자체가 고리타분한 교과서가 아닌, 말 그대로 영화 대본이기 때문이다. 그런데 그것도 어느 정도 실력이 되어야 뭐가 들리든지 할 것 아닌가? 실력은 쥐뿔도 없는데 무작정 영화를 공부한다는 것도 참 우스운 일이 아닐 수 없다.

사실 나는 영화 수업을 별도의 1:1 수업 없이 혼자서 공부했다. 점심을 마치고 오후가 되면 병든 닭처럼 졸기 일쑤인데, 그때 무거운 다른 책을 공부하느니 차라리 쉽고 가볍게 영화나 보자는 속셈으로 시작한 것이다.

공부를 위해 먼저 영화를 봤다. 그리고 매일 조금씩 받아쓰기를 했다. 물론 여기서 말하는 받아쓰기란 영어로 받아 적는 것이 아니라, 한글 그러니까 소리를 한글로 적어보는 시간이었다. 그냥 재미로 말이다.

우리말도 그렇지만 영어에는 연음이 있다. 그래서 더 쉽게 들리지 않는 것인데 그 연음은 몇 개의 단어를 하나로 만들어버리기도 한다. 예를 들어 "lived in a - 리브드 인 어"라는 단어들은 "리브디너"라는 하나의 소리로 들린다. 그래서 당시 나는 '리브디너'의 뜻과 철자를 알기 전에 그저 단순히 '리브디너'라는 소리를 듣고 그것을 한글로 '리 브 디 너'라고 표기한 것이다.

　이렇게 하니 큰 부담도 없었다. 보통 사람들은 이런 표기법을 보고 적잖이 놀란다.

　"도대체 꼭 이렇게까지 해야 해? 좀 유치하지 않아? '리브드 인어'를 '리브디너'로 쓰다니…"

　아마 이런 생각을 했더라면 그 스트레스 때문에 나는 벌써 영어를 포기했을 것이다. 내가 영어책 밑에 표기한 받아쓰기는 이런 것이었다.

> Once upon a time / In a faraway land / a young prince lived
> 원어폰 어 타임   인어 퍼러웨이 랜   어 영 프린스 리브디드
> In a shining castle. Although he had everything his heart
> 인어 샤이닝 캐슬.   올도우 해 해드 에브리씽히스 할디가이요

　이런 식으로 약 4개월 동안 나는 하루도 쉬지 않고 영화에서 들리는 소리를 한글로 적어보았다. 그런데 정말 신기한 현상이 일어났다. 처음에는 그저 외계인 말처럼 들리던 대사들이 한 달 두 달 꾸준히 듣고 적으니 나도 모르게 익숙해지기 시작하고, 특히 그 어렵다는 연음이 들리기 시작한 것이다.

　연음이란 결국 법칙이다. 모음은 앞 단어 자음에 붙어 연음이 되는데 위의 문장에서처럼 영어 대본 바로 밑에 들리는 소리를 한글로 적

었기 때문에 처음에는 대본과 소리를 적은 한글이 전혀 매치가 되지 않았다. 하지만 시간이 지나니 자연스럽게 둘 다 눈에 들어오게 되고 더 시간이 지나니 연음법칙이 보이기 시작한 것이다.

이는 나중에 중급, 고급으로 올라가 어려운 리스닝을 할 때 걸림돌이 되는 연음법칙을 극복하는 데 많은 도움이 되었다. 오후의 나른함을 달래고자 시작

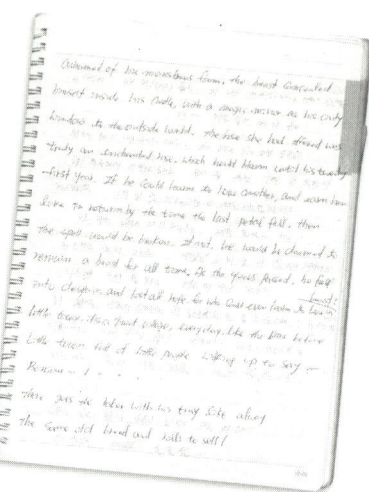

영화 〈미녀와 야수〉를 보며 공부했던 노트. 알아듣는 말이 없어 그냥 들리는 대로 발음을 한글로 써보았다.

했던 나홀로 영화수업이 재미있어지자 나는 이 과정을 1년 이상 지속할 수 있었다. 그 뒤에도 〈뮬란〉〈라이온킹〉〈쇼생크 탈출〉〈포레스트 검프〉〈이보다 더 좋을 수는 없다〉 등 많은 영화들을 이런 식으로 공부했다. 그중 내가 가장 좋아하는 〈미녀와 야수〉는 대사를 외울 만큼 백 번 이상은 본 것 같다.

★ ― 점심을 먹고 나홀로 영화수업을 하고 나면 오후 2시가 넘어간다. 새벽 4시에 일어났으니 이제 서서히 지치고 졸릴 때가 되었다. 이 상태에서 공부를 한다는 것은 거의 불가능하다.

❽ 난 수업 하러 쇼핑몰에 간다

그즈음 나는 가방에 사진기와 작은 수첩을 넣고 외출 준비를 했다. 내가 가는 곳은 인근 쇼핑몰, 그러니까 백화점이나 할인매장 같은 곳이다.

그곳에서 나는 선생님을 만난다. 재미있는 야외수업이라고나 할까? 야채부터 소파, 가구 그리고 전자제품, 학용품 등 정말 별의별 게 다 있는 만물상 같은 곳이 백화점이다. 어차피 피곤해 꾸벅꾸벅 졸 오후 시간에 백화점 안에 있는 물건들을 익힌다는 것은 매우 재미있으면서도 유익한 수업이 될 것 같아 시작하게 되었다.

그날도 나와 선생님은 지하의 슈퍼마켓부터 돌기 시작했다. 오늘은 슈퍼마켓 중에서도 야채 섹션이다. 수많은 야채들을 보면서 나는 선생님께 하나씩 물어보고 그것을 작은 수첩에 적었다.

쏭 : What is this? 이게 뭐죠?

선생 : This is a pumpkin, but look~ that should be different from this, that is a squash. 이건 펌킨이라는 호박이고, 이것과 좀 다르게 생긴

애호박은 바로 '스쿼시'라고 하지.

쏭 : A~ha 호박과 애호박을 간단히 그린 뒤 pumpkin과 squash라고 적는다.

선생 : Look~ This is cabbage, radish, ginger. 이건 배추, 무, 생강.

쏭 : What? What…? please, slow… slow… ca‥bbag‥e, and ra…di…sh…… 뭐라구요? 천천히…배추…무…

선생 : These are all for kimchi. 이건 전부 김치의 재료가 되는 것들이야.

쏭 : 간만에 아는 단어 kimchi를 듣자 흥분하면서 Ah… kimchi… kimchi… kimchi…!! 사실 김치는 세계적인 음식이다. 특히 건강에 매우 좋은 건강식품이라는 말을 하고 싶었으나… 결국 내가 한 말은… kimchi is very good.

나른한 오후 시간이면 시원한 쇼핑몰에서 튜터와 함께 단어 공부를 했다.

"very good"이라는 말이 전부였지만 난 그것으로 족했다. 어쨌든 대화를 하긴 했으니까 말이다.

매일 오후 한 시간씩 이런 식으로 나는 수첩에 작은 그림을 그리고 단어 하나하나를 채워 넣었다. 지금도 그때 생각을 하면 혼자 웃곤 한다. 어린애도 아니고, 무슨 궁금증이 그리 많았을까?

당시 내가 익혔던 단어들은 우리가 알고 있는 토익, 토플, 또 취업 영어나 비즈니스 영어의 관점에서 보면 그다지 필요 없는 단어들이다. 호박이면 호박이지 애호박은 또 뭐냐, 라고 웃을 수도 있겠지만, 영국에서 유학생활을 하며 사용했던 일상 용어와 단어들은 모두 이 때 익힌 것이다.

여기서 재미있는 사실은, 내가 백화점에서 적은 이 단어들은 그냥 재미로 적은 것이지 딱히 외우려고 노력하지 않았다는 점이다. 그런데도 생생하게 기억되어 영국 유학시절뿐만 아니라 지금도 유용하게 활용하고 있다.

❾ 영어공부 하겠다느데, 말 좀 걸면 안 되나?

★— 해가 지면 날씨가 약간 선선해졌다. 쇼핑몰에서 재미있는 단어 공부를 한 후 나는 인근 대학으로 장소를 이동했다. 선무당이 사람 잡는다고 기초 공부를 하면서 한창 외국인과의 영어대화에 맛을 들일 때가 바로 이때다. 입이 근질근질하고 가는 사람마다 붙잡아 이야기를 걸고 싶을 때가 또 이때다.

내가 대학 캠퍼스를 매일 간 이유는 오직 공부했던 표현들을 써먹기 위해서였다. 써먹지 못하는 영어는 죽은 영어다. 써먹지 못하는 영어공부는 소용없다는 것이 내 생각이다. 그래서 나는 그 전날 공부했던 표현들을 항상 실전에서 쓰려고 노력했다. 물론 선생들과 주거니 받거니 하면 충분히 되지만, 이런 정형화 된 수업보다는 실제로 밖에 나가 전혀 모르는 사람과 얘기를 하면서 동기유발을 시키고 싶었다. 그래서 늘 오후가 되면 하이에나처럼 대학가 주변을 어슬렁거렸다.

그날도 한 대학 캠퍼스를 걸으면서 타깃을 정했다. 그리고 작업에 들어간다.

"Excuse me, I am a Korean who is studying in English, and I am practicing english, would you mind giving your time for a while?
실례합니다만, 저는 영어를 공부하는 한국 사람인데요. 지금 영어 연습을 하고 있는 중인데, 잠시 시간 좀 내주실 수 있으세요?"

나는 미리 익혀놓은 표현들을 이용해 실제 상황을 만들어 매일 연습했다. 사람들은 그런 나를 보고 참 뻔뻔하네, 라고 말을 한다. 정말 그랬던 것 같다. 너무 뻔뻔했다. 그러나 그건 그런 상황을 한 번도 경험해 보지 못한 사람들의 부러움이 아닐까?

왜냐하면 나는 나쁜 사람이 아니다. 다른 목적이 있는 것이 아니라 공부하겠다는데 누가 나를 이상하게 보겠는가? 또 입장을 바꿔보면 내가 대학생인데 한 외국인 학생이 한국어를 연습한다고 내게 말을 걸면 그 외국 학생이 대견해 보여 더 적극적으로 그를 도울 것 같다.

이렇게 전날 연습한 표현으로 낯선 사람들과 실전을 하고 나면 정말 쏙쏙 외워진다. 이렇게 직접

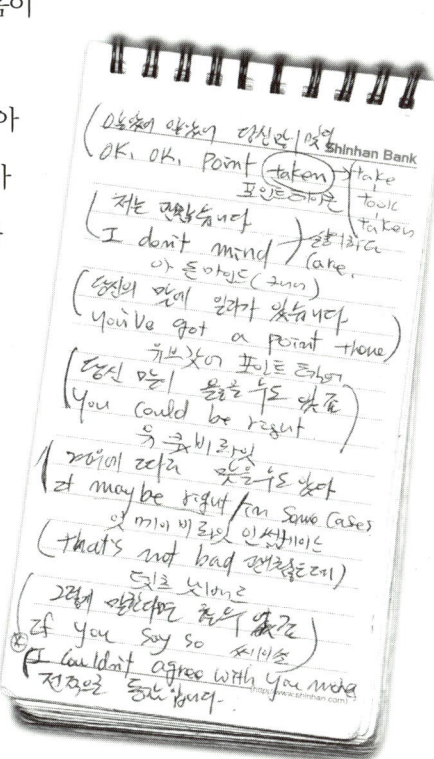

| 인근 대학에서 대학생들과 실전 영어를 할 때 썼던 표현들 |

외국인과 대화를 하면서 부딪치는 실전 회화를 도서관 안에서 달달 외워 그저 혼자만의 만족감으로 끝내는 도서관 영어와 비교할 수 있겠는가?

★ — 조용한 밤이 되면 스탠드를 켜
고 커피 한 잔을 마시며 다시 책
을 잡았다. 이 시간은 하루 중 집
중이 가장 잘 되는 시간이며 영어
자체를 내 것으로 만드는 매우 중요
한 시간이었다.

나는 이 시간에 주로 다음 날 공부할 것을 예습했다. 연수를 떠나기 전에 만나 상담을 했던 여러 강사들은 한결같이 영어공부는 예습이 90%라고 강조했다. 그 당시에는 그러려니 했는데 정말 그들의 말이 딱 맞았다.

성공적인 연수를 마쳤다 싶은 사람들은 모두 수업시간을 잘 활용했고, 그들의 특징은 복습보다는 예습에 더 많이 할애를 했다는 점이다. 이것은 "강사는 모티베이션을 주는 정도다. 결국 영어는 학생 스스로 반복해 외우고 노력해야 하는 공부다"라는 말과 일맥상통한다.

조용히 갖는 이 자습시간에 가장 먼저 펼친 책이 바로 문법책이다. 사람들은 기초 문법책으로 원서를 추천했지만, 당시 내 실력이 너무 기초였기 때문에 그것보다는 그냥 한국어로 된 문법책을 준비했다. 중학교 시절의 기억을 되살리며 나는 조용히 문법책을 공부했다. 사실 당시에는 영어 대화에 워낙 재미를 붙인 상태라 문법은 큰 부담이 없었다. 그저 남들이 하라고 해서, 안 하면 안 될 것 같아 했을 뿐이다. 물론 나중에 그것이 얼마나 중요했는지 깨달았지만 말이다.

문법공부를 마치면 바로 다음 날 공부할 받아쓰기와 표현 공부를 한다. 받아쓰기 교재는 중학교 1학년 수준 정도의 리딩 교재와 본문이 녹음되어 있는 CD를 이용했다. 우선 모르는 단어를 찾아 읽어보고 나름대로 해석을 한 뒤 해설집과 비교해 이해를 했다.이건 내 취향이지만 나는 문법과 리딩을 혼자서 공부했다.

여기서 중요한 것은 해설집과 본문을 비교해보면서 눈에 익혀야 한다는 점이다. 우리들이 그렇게 부러워하는 리딩의 달인들은 하나하나의 단어들을 일일이 해석하지 않는다. 워낙 많은 양을 해석한 사람들이라 본문에 나오는 몇 개의 주요 단어를 보면서 전체 내용을 파악해버린다. 그러니 그런 달인이 되기 위해서는 '아하! 이런 표현이 이렇게 해석이 되는구나~!'라는 식으로 자꾸 눈에 익혀야 한다. 물론 해설집은 마지막 단계에서 확인차 봐야 하는 것이다.

이렇게 해석을 한 본문은 한 문장 한 문장 몇 번을 반복해 써본다. 워낙 분량이 짧아서 그리 어렵지는 않은 일이다. 마지막으로는 CD를 틀고 내가 읽고 써보았던 내용을 들어보았다. 그러나 당시의 내 실력은 워낙 기초였던지라 그렇게 느린 CD도 빠르게 느껴져 듣고 있으면 속이 울렁거렸다.

하루의 마지막은 영어표현 공부인데 앞에서 언급했던 원맨쇼를 하는 시간이다.

이렇게 하루 공부를 마치고 10시가 되면 스르르 잠이 온다. 물론 잠잘 때마저도 나는 틈을 허락하지 않았다. 잠을 자면서 그날 공부했던 교재 중 리스닝 CD를 틀고 잠을 잤다. CD플레이어를 반복재생으로 맞추고 볼륨도 약간 크게 틀어놓은 채 잠이 든다.

그러다가 하루는 꿈속에서도 계속 공부를 하고 있고 꿈속에서도 계속 영어를 쓰고 있는 것이었다. 누가 그런 말을 하지 않았나? 영어로 꿈을 꾸면 정말 그런 사람은 영어를 정복할 수 있다고. 그 말이 사실인지 아닌지는 모르겠지만 한국말 한 마디 못 쓰고 하루 종일 영어로 대화하고 영어로 쓰고 영어를 듣고 영어로 읽으니 당연히 꿈속에서의 언어도 영어일 수밖에 없지 않았을까? 그렇게 영어 왕초보 시절의 4개월이 지나가고 있었다.

기초 영어 정복기의 하루 일과

오전	4시~7시	기상 및 자습	그림 회화책, 단어 암기 등
	7시~8시	아침식사	주인아저씨와 암기한 단어로 대화
	8시~12시	아침공부	회화, 받아쓰기 등
오후	12시~1시	점심식사	최대한 빨리 먹고 잠시 낮잠
	1시~2시	오후수업	혼자 하는 영화 수업
	2시~5시	야외수업	쇼핑몰 수업 및 실전 연습
저녁	5시~6시	저녁식사	휴식
	6시~10시	야간자습	문법, 독해 등의 자습과 다음 날 수업 예습

새벽 4시부터 저녁 10시까지, 매우 긴 시간이지만 내게는 그저 휙 지나가버렸던 짧은 시간이었다. 나의 첫 4개월은 이렇게 바쁘게 지나갔다. 부모님도 보고 싶고 집에서 기르는 강아지 복길

이도 보고 싶었다. 무엇보다도 한국 음식을 푸짐하게 먹고 싶었는데 그럴 수가 없었으니, 라면을 갖고 오지 않은 걸 매일 밤마다 후회했다. 그러나 태어나 처음으로 제대로 된 영어공부를 해보았고 내 영어가 늘고 있다는 느낌을 받은 첫 순간이기도 했다.

지난 4개월 동안의 영어공부 성과는 다음과 같았다.

1 - 영어 회화에 대한 두려움이 사라졌다.

한국어가 아닌 영어로 한국어를 전혀 못하는 이들과 희로애락을 통했다는 것이 너무 신기했고 내 자신이 자랑스러웠다. 두려움이 사라지니 내 안에 들어 있었던 얼마 되지 않는 영어에 대한 지식도 찾을 수 있었다. 사실 내 또래 대한민국 국민이라면 영어공부를 안 해본 이들이 없을 것이다. 그리고 신기하게도 그런 두려움이 사라지니 중학교 때 공부한 내용이 조금씩 되살아나는 것이었다.

2 - 단어를 많이 외웠다.

지난 4개월간 내가 익힌 단어 수가 1,000단어 정도였는데, 정말 중요한 건 이 1,000단어를 말을 하면서 익혔다는 점이다. '말하지 못하는 영어는 영어가 아니다' 는 말이 있듯 우리나라 사람들은 1,000단어를 알아도 막상 스피킹을 할 때 적절하게 사용하지 못하는 경우가 많다. 그에 비해 나는 당시 말을 하면서 단어를 외워서인지 이 1,000단어를 언제든지, 어느 주제든지 적절하게 바로 사용할 수 있었다.

3 – 영어공부에 대한 감을 익혔다.

4개월 동안 하루도 쉬지 않고 철저하게 규칙적인 생활을 하면서 공부를 했다. 내 능력으로 이보다 최선을 다할 수는 없다 싶을 정도로. 그러면서 '아 리딩은, 리스닝은 또는 스피킹은 이렇게 공부하면 되겠구나~!' 하는 나만의 공부 방법에 대한 깨달음이 왔다. 이렇게 4개월 동안 나는 각 영역별, 과목별, 교재별로 내 공부 스타일을 서서히 찾아갔다.

• **Episode in the philippines** •

디저트로 먹은 공포의 칼라만씨

한국을 떠나 나의 목적지는 필리핀의 한 작은 도시에 있는 현지인 하숙집이었다. 비행기가 현지 공항에 도착한 뒤, 나는 한참을 두리번거린 뒤 영어로 'Song yong-jin'이라고 씌어진 피켓을 찾을 수 있었다.

'아~ 저기 있군! Song yong-jin. 역시 내 이름이니 한눈에 보이는군. 후후.'

나를 픽업하기 위해 기다리고 있던 필리핀인 하숙집 주인에게 나는 두 손 모아 정중히 90도로 인사를 했다. 문제는 90도 인사를 하면서 영어가 아닌 한국말로 "안녕하세요. 저는 송용진입니다"라고 했다는 사실이다.

'이런, 망할… 비행기 안에서 그리 연습을 했건만….'

비행기 안에서 수백 번 연습한 "Hello, my name is song yong jin, it's very nice to meet you."라는 표현은 어딜 가고 "안녕하세요"라니.

어쨌든 다행히 그분들을 만나 숙소에 도착을 했다. 아침 일찍 도착을 해서인지 이미 나를 위한 만찬(?)이 준비되어 있었다. 주인아저씨는 무엇인가를 말하며 선풍기를 돌렸다. 그때였다. 갑자기 내 밥이 날아가는 것이었다. 잉? 그 말로만 듣던 필리핀 쌀? 밥에 윤기와 찰기는 전혀 없고 밥알들이 각자 놀고 있었다. 나는 당황해서 접시 밖으로 나간 밥알을 주워 먹었다. 참 가관이었을 것이다. 그래도 대한민국의 청년인데, 첫 숟가락도 뜨기 전에 손으로 밥알을 주워 먹고 있으니 말이다.

날아가는 밥을 간신히 먹고 나니 주인아저씨의 장난기가 발동을 하셨다 (주인아저씨는 나이와 다르게 정말 재미있고 유쾌 발랄한 분이셨다). 주인아저씨는 나에게 작은 오렌지 같은 과일을 하나 주셨다.

"디저트, 디저트."

생긴 게 우리나라 깡깡을 연상시켰다. 나는 "땡큐 땡큐"를 외치며 그 과일을 한입 깨물었다.

'헉! 이 맛은? 정말 상상을 초월할 정도로 신, 이 맛은?'

태어나 그렇게 신맛은 처음이었다. 그러나 첫 만남이고 나를 위해 주신 과일인데 하는 생각에 나는 나오는 눈물을 참으며 여전히 썩은 미소를 짓고 있었다.

주인아저씨는 "delicious?"라며 내 눈치를 살폈다. 물론 무슨 말인지 알아듣지 못한 나는 전자사전을 드리며 찍어 달라고 했다. 전자사전 화면에는 'delicious : 맛좋은, 향기로운'이라고 쓰여 있었다. 속으로는 '맛있냐고요? 아주 속이 뒤집어집니다, 아저씨!! 부르르~' 했지만 애써 웃으면서 "예스, 베리 딜리서스~ 땡큐~!"를 연발했다. 여전히 눈에는 눈물이 고여 있었고.

마음 같아선 '아저씨 너무 셔요!'라고 말하고 싶었지만 그때는 '사우어(sore)'라는 단어를 알 리가 없었다. 어쨌든 그 공포의 열매는 칼라만씨라는 것인데 워낙 신맛이 강해(식초보다 훨씬 강함) 간장과 섞어 소스로 사용한다고 한다. 그런 열매를 디저트라며 내게 먹어보라고 권해주신 주인아저씨나 그것을 거절 못하고 썩은 미소를 지으며 우적우적 씹어 먹었던 나나 정말 신고식 한 번 시게 치렀다. 지금도 가끔 주인아저씨와 전화 통화를 하면 그때 이야기를 하곤 한다.

PART 4

쏭선생의
중급 영어 정복기
| 8개월 |

★— 필리핀의 저녁노을은 유독 평온하고 아름답다. 확실한 것은 서울 도심 한복판에서 보던 그런 노을이 절대 아니라는 것. 왜 그럴까? 그건 아마도 늘 긍정적으로 생
활하는 필리핀 사람들을 나도 모르게 닮아가기 때문이 아니었을까 싶다.

시간이 멈춘 듯 평온한 오후, 나는 여느 때와 다름없이 야외수업을 마친 뒤 지프니 지프jeep와 조랑말phoney의 합성어로 2차세계대전 당시 미군 트럭의 엔진으로 만든 교통수단이며 지금은 필리핀을 대표하는 대중교통이다 를 타고 집으로 향했다. 창밖에 펼쳐진 붉은 노을을 바라보는 이 시간은 잠시 나를 돌아보는 쉬어가는 시간이기도 했다.

손가락을 세었다. 한 달, 두 달, 세 달…. 필리핀에 꿈을 안고 온 지도 벌써 4개월이 지나갔다. 지난 4개월을 정말 열심히 달렸다. 태어나 이렇게 열심히 공부한 적이 있었나 싶을 정도로. 그래서인지 사춘기 때 쭉쭉 늘어나는 키처럼 내 영어 역시 하루하루 일취월장하고 있는 듯했다.

지금 생각해보면, 아무것도 들어 있지 않는 항아리에 물을 부으니 조금만 들어가도 차는 게 눈에 보이는 건 당연했다. 그러니 가끔 내 자신이 영어천재(?)가 된 듯한 착각에 빠지기도 한다. 이 같은 생각은 나만 그런 것이 아니다. 영어공부를 전혀 못하는 사람이 열심히 공부를 하면 느끼게 되는 자연스런 현상이다. 그러나 실력이라는 것이 어느 정도 수위가 차면 더 많은 양을 부어도 잘 티가 나지 않는다. 이 시기가 되면 스스로 한계를 느끼며 좌절하고 포기하는 경우가 많다. 정작 가장 중요한 것은 이제부터인데 말이다.

영어공부를 할 것인가, 아니면 죽을 것인가! 필리핀에서 공부할 당시의 내 방 풍경.

그렇게 4개월이 지나고 5개월째 접어들기 시작했다. 비록 정확한 문법이나 어휘는 아니었지만 최소한 내가 알고 있는 문법과 단어를 이용해 어느 정도 내가 하고 싶은 표현을 하고 상대방이 무슨 얘기를 하는지 감으로 알 수 있을 정도는 된 듯했다. 그러나 앞에서 언급했듯이, 그건 내가 워낙 기초였기 때문에 스스로 느끼는 심리적인 영어 실력이지, 내가 목표로 하는 유학을 갈 수 있을 정도의 영어에는 택도 없는 수준이었다.

마라톤의 승패는 중간 지점이다. 결국 여기서 얼마나 버텨주느냐에 따라 후반부 승패가 나뉘기 마련이다. 솔직히 말하면 5개월째 접어들고 나서 육체적으로나 정신적으로 많이 피로해져서 처음 4개월보다는 아침에 일어나기가 쉽지 않았다. 이불 속에서 잠을 깨기 위해 홀로 사투를 벌이면서, '내가 지금 잘하고 있는 건가? 이렇게 하면 과연 유학을 갈 수 있는 건가?' 라는 회의적인 생각이 들기도 했다. 하지만! 어쨌든 어렵게 눈을 뜨고 나는 무거운 몸을 이끌고 마당으로 나왔다. 그리고 아침 안개 자욱한 대문 밖 공터를 보면서 운동을 시작했다. 헛둘 헛둘, 국민체조를 하고 시원한 물로 샤워를 한 후 또다시 책을 폈다.

❷ 나의 꿈, 〈타임지〉를 읽다!

★ ― 5개월째 접어들면서 내 하루 일과는 〈타임지〉 두 쪽에 나와 있는 단어를 찾는 일부터 시작되었다. 여기엔 내 개인적인 꿈이 있었다. 사실 당시 내 실력에 〈타임지〉를 읽는다는 것이 말이나 될 법한가? 그야말로 말도 안 되는 허무맹랑한 일이었다. 그것은 이제 초등학교 수준의 타자가 프로 수준의 투수 공을 치려는 것과도 같았다.

나는 기억을 더듬었다. 어느 날인가 지하철을 탔는데 어떤 남자가 한 손에 손잡이를 잡고 다른 한 손으로는 〈타임지〉를 들고 읽는 것이었다. 그때 그 남자의 모습이 왜 그리 멋져보였을까?

나는 절대 불가능한 일이겠지? 당시만 해도 그 남자가 읽었던 〈타임지〉는 분명 비현실적인 선망의 대상이었다. 그러던 내가 영어공부를 하게 된 것이다. 그러니 꼭 한번쯤은 〈타임지〉를 공부를 하고 싶었다. 그래서 조금은 무모했지만 교재로 〈타임지〉를 선택한 것이다. 지금 생각해도 너무나 황당한 교재 선정이었다.

'오늘은 15~16페이지 단어를 찾는 날인데…. 흠, 여전히 아는 단어가 하나도 없군.'

〈타임지〉를 시작한 첫 장부터 좌절의 연속이었지만 나는 바로 단어장과 전자사전을 꺼내 단어 찾기에 들어갔다. 그렇게 두시간 동안 열심히 단어를 찾았다. 단어 찾기란 일반적으로 간혹 모르는 단어가 나올 때 사전을 찾는 것이 보통이지만, 내 경우는 가끔 아는 단어가 나오면 혼자 좋아했으니 그 자체가 얼마나 무모한 시도였던가!

  문제는 여기서 끝나지 않았다. 발음의 경우 4개월을 넘게 공부했지만, 아직도 발음기호가 익숙하지 않아 나는 전자사전에서 나오는 발음을 듣고 단어 밑에 발음 그대로 한글을 적어나갔다.

Significant damage was experienced
씨그니퓌컨 : **중요한**　　익스피리언씨(드) : **경험**

by forest stands and logging roads,
포레스트 : **숲**　　로깅 : **벌목**

however no injuries resulted.
하우에벌 : **그러나**　　인줘리 : **손해**　　리절티드 : **결과**

표지 맨 위에 있는 'timeasia.com' 부터 시작한 〈타임지〉 단어 찾기는 마지막 장 말보로 담배 광고 '담배는 암을 유발한다' 는 문구의 단어를 찾을 때까지 무려 두달간 하루도 빠지지 않고 계속되었다.

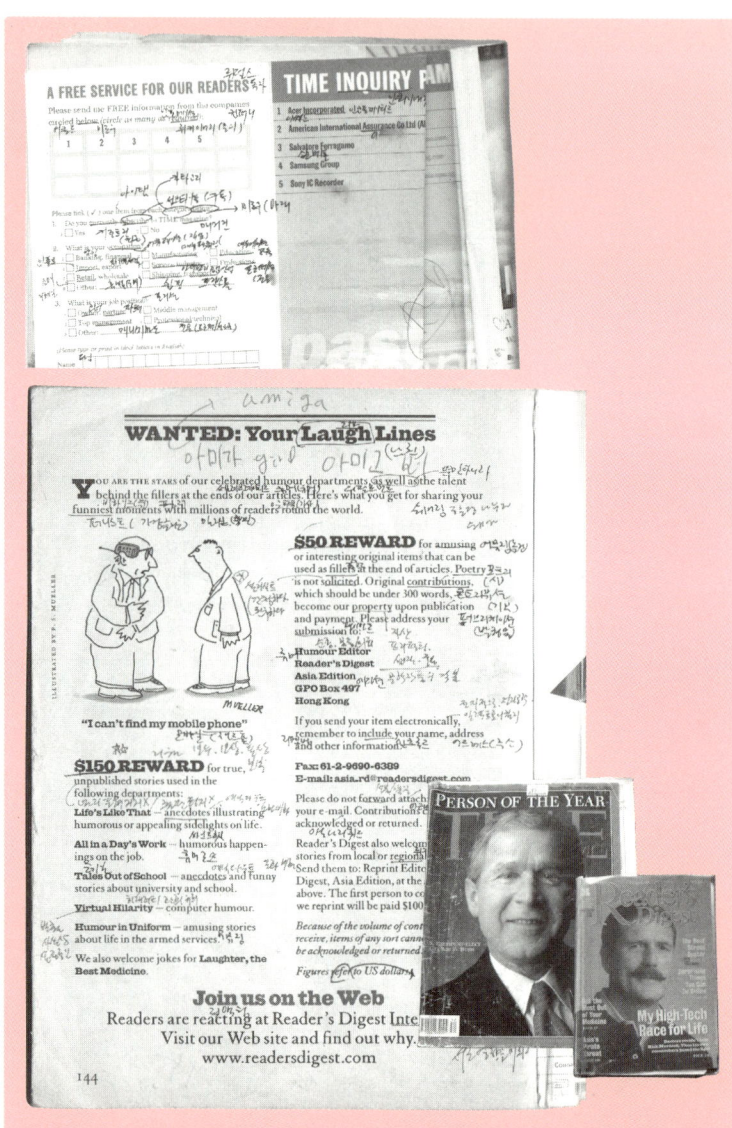

내 평생소원이었던 〈타임지〉와 〈리더스다이제스트〉 읽기. 맨 첫장부터 마지막 페이지까지 모르는 단어가 수도 없이 많았다.

그리고 다음 책으로는 그 유명한 〈리더스 다이제스트〉를 선정해 계속 이어갔다. 이상하게 두 번째 잡지인 〈리더스 다이제스트〉를 공부할 때는 아는 단어들이 제법 많이 눈에 들어왔고, 내가 찾아야 할 단어의 수도 많이 줄었다. 그만큼 내 단어 수준이 늘었다는 증거였다.

이런 내 노력을 보면서 사람들은 "저 실력에 너무 과한걸…"이라고 웃을 수도 있겠지만, 나는 이 과정을 통해 누구도 얻지 못한 매우 중요한 교훈 두 가지를 얻을 수 있었다.

첫 번째는 뭐니뭐니 해도 한 권의 책을 한 글자도 놓치지 않고 처음부터 끝까지 모두 봤다는 사실이다. 이 책을 공부해 얼마나 많은 지식을 쌓았느냐도 중요하지만, 쉬지 않고 끝까지 독파했다는 사실은 지식을 쌓는 일만큼 중요하고 많은 자신감을 안겨다주었다.

또 하나의 교훈은 발음 공부였다. 나는 새벽에 사전에서 찾아 적어놓은 단어들을 바탕으로 선생과 함께 큰 소리로 문장 하나하나를 읽어나갔다. 단순히 읽어나가는 것이 아니라 선생의 입 모양을 보며 또박또박 성대모사를 했다. 이처럼 따라하기식 성대모사는 발음 공부에 지대한 영향을 미쳤다.

❸ 고교필수단어만으로도 회화는 가능하다

★ ― 새벽에 일어나 약 두 시간 동안 내 손은 정신없이 〈타임지〉와 전자사전을 오갔다. 두 시간 동안 단어를 찾는다는 것은 말이 쉽지 그리 만만한 양이 절대 아니다.

이렇게 단어 정리가 끝나면 바로 다음 단어 공부에 들어갔다. 시간은 벌써 6시가 넘고 창밖에는 등교하는 학생들의 분주한 발걸음 소리가 들리기 시작한다. 필리핀은 날씨 때문인지 하루 일과가 매우 빨리 시작된다. 나는 〈고교필수단어집〉을 펼쳤다. 고교필수라…. 남들이 보면 웃을 일이겠지만 당시 내게는 엄청난 발전이었다. 〈고교필수단어집〉 바로 옆에 꽂혀 있던 〈중학필수단어집〉을 보면서 나는 간혹 건방진 웃음을 지었다.

'후후, 중학단어를 불과 4개월 만에 끝내다니… 음, 역시 천재야.'

그러나 현실은 냉엄했다. 중학단어와 고교단어의 레벨은 하늘과 땅 차이였다. 양도 많거니와 단어의 수준도 많이 높아졌다.

'야~ 정말 어렵다. 이거 뭐, 고교단어만 다 알아도 웬만한 회화는 쉽게 하겠는걸?'

당시 내가 했던 생각인데, 정말 그랬다. 지금 회화 때문에 고생하는 분들이 있다면 여러분들이 그리 공부했던 고교필수 단어만 잘 써먹어도 어디서 영어 못한다는 소리는 안 들을 것이다.

갑작스레 늘어난 단어의 양과 질로 약간 겁을 먹긴 했지만 나는 하루 동안 암기해야 할 단어의 수를 늘리기로 했다. 이제부터는 매일 20개가 아닌 30개의 단어를 암기했다. 좀 더 정확히 말해, 암기라기보다는 30개의 단어를 공책에 쓰면서 눈으로 익히기 시작했다. 이 과정에서 느꼈던 신기한 일은, 분명 고교단어가 더 어렵고 복잡한데도 불구하고 실제 내가 느끼는 단어 암기에 대한 수준은 그리 큰 차이를 느낄 수 없었다는 점이다. 즉, 쉽게 외워지는 것이다.

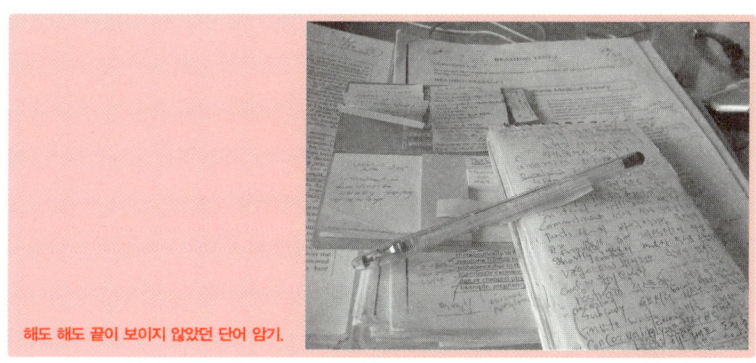

해도 해도 끝이 보이지 않았던 단어 암기.

'그 사이에 아이큐가 올라간 것도 아닌데 어찌된 일이지?'

지금 생각해보면 그것은 자동차의 기어와 속도의 관계가 아닐까 한다. 자동차를 움직이려면 1단 기어를 넣어야 한다. 전혀 움직이지 않은 거대한 차를 움직이려 하니 1단은 힘이 많이 들어간다. 그러나 일단 움직인 차에 가속을 하는 2단은 분명 1단보다는 힘이 덜 들어가고, 3단, 4단은 더욱 그러하다.

이렇듯 단어 역시 암기를 시작하고 단어 암기라는 것에 익숙해지면 더 어려운 단어일지라도 쉽게 암기할 수 있는 것이다. 새벽시간에 공부했던 내 단어 암기는 눈으로 익히고 손으로 익히는 과정이었다. 간단히 말해 전형적인 한국식 영어단어 암기법이라고나 할까? 책상에 앉아 단어를 손으로 써가며 눈으로 익혔다. 물론 중얼거리면서 말이다.

1시간 동안 30단어를 모두 내 것으로 만든다는 것은 불가능한 일이기 때문에 나는 욕심을 버리고 계속 반복하면서 나중에 시간이 지나서 잊더라도 완전히 잊는 게 아니라, '어, 이 단어 많이 들어봤는데?' 할 정도로만 익혔다.

필리핀에서 영어를 시작한 뒤 매일 아침식사 시간은 줄곧 내가 암기한 단어들을 써먹는 시간이었다. 그날도 어김없이 주인아저씨는 나를 식탁으로 불렀고, 나는 바로 전에 암기한 30개의 단어들이 적힌 종이를 책상 위에 놓고 밥을 먹기 시작했다. 그 종이에 적힌 단어들은 'opportunity 기회', 'complex 복합건물단지' 등 30단어가 되었다.

"Good morning, Mam. I want to go sport complex, where? 좋은 아침입니다. 운동장에 가고 싶은데 어디 있죠?"

"Sport complex? It's near by Shopping Mall. why? 운동장? 쇼핑몰 근처에 있는데, 거긴 왜?"

"Because I want to meet more people. If I go to sport complex, I can have more opportunities to meet people. 사람들을 좀더 많이 만나고 싶어서요. 운동장에 가면 더 많은 사람들을 만날 수 있을 것 같아요."

물론 30단어 모두를 쓸 수는 없었지만 이렇게 내가 익힌 단어를 다시 활용함으로써 주인 부부와도 더 많은 얘기를 할 수 있고, 또 그만큼 빨리 단어들을 외울 수 있기 때문에 나에게 식사시간은 단어 암기 시간의 연속이었다. 지금 같았으면 소화가 안 돼 밥이 체했을 뻔했는데도 무슨 용기와 헝그리 정신으로 그렇게 열심히 했는지 모르겠다.

❹ 스피킹과 단어를 한꺼번에 잡는 법

★― 식사를 하고 나는 마당에서 강아지와 영어로 대화를 하기도 했다. 혹시 강아지랑 영어로 대화해 본 사람이 있을까? 말 그대로 뻘쭘함 그 자체다. 혹은 정신병자처럼 보일지도 모르고.

"Come on baby~ good dog… 우리 강아지, 착하지? 이리 와봐~ do you want? 이거 줄까?"

"Let's go to sport complex! 우리 같이 운동장 가자! You don't want? 가기 싫어? Why? 왜? Umm… you don't want? 음.. 싫구나? Ok, I will go to sport complex alone. 그럼, 나 혼자 가지 뭐."

참 기가 막힐 노릇이다. 그 강아지는 무슨 죄가 있다고 생전 보지도 못했던 낯선 인간에게 아침마다 이런 고문을 당하고 있으니 말이다. 하지만 내 입장에서 보자면 그래도 부담 없이 말할 수 있는 상대가 바로 하숙집 강아지였다. 아직까지 그 강아지가 살아 있다면 다시 한 번 사과의 메시지를 보내고 싶다. '그때 내가 너무 내가 괴롭혔지?' 라고 말이다.^^;

아침식사 후 잠시 휴식시간을 보낸 뒤 나는 바로 수업 준비에 들어갔다. 첫 시간은 단어를 이용한 스피킹 시간이다. 내가 첫 시간을 스피킹 시간으로 정한 것은 새벽에 한 단어 암기의 여운을 아침식사 시

간을 거쳐 바로 이어가게끔 하기 위해서였다.

스피킹 시간이긴 했지만 이 수업의 주목적은 스피킹을 하기보다는 단어를 암기하는 시간이라 보면 된다.

"아아아~~ 이제야 기억나네."

"아~ 맞다."

"아, 왜 이러냐. 또 까먹었네."

영어공부를 시작하고 하루도 빠지지 않고 했던 중얼거림이었다. 정말 단어 암기는 힘든 일이었다. 특히 나처럼 성인이 되어 영어공부를 시작한 사람들에게는 더욱 그렇다.

어느 전문가의 말에 따르면, 영어단어는 17번 가까이를 잊고 기억하고 또 잊고를 반복한 후에야 자기 단어가 된다고 한다. 예를 들어 누구나 잘 아는 'Thank you'라는 단어가 있다. 쉬워 보이고 절대 까먹지 않을 듯한 이 단어 역시 어릴 적부터 우리는 숱하게 잊고 다시 암기하고 한 덕분에 지금의 그 쉬운 'Thank you'가 되었을 것이다.

　단어 암기는 영어 정복을 위해 반드시 넘어야 할 가장 험난한 산이다. 그렇다고 영어공부 말고도 할 것이 태산인데, 어느 누가 17번을 까먹고 외우기를 반복할 수 있겠는가?

　아마 이 책을 읽고 있는 여러분들도 다음과 같은 경험을 했으리라 생각한다.

　어느 날 길을 걷다가 외국인이 말을 붙인다. 간신히 그의 말을 알아듣고 무어라 버벅대면서 대답을 해준다. 그러면 그날 저녁 머릿속에는 자꾸 그 상황이 떠오른다. 그러면서 '아~ 맞다! 그 상황에서는 이렇게 썼어야지, 이런 바보! 멍충이!' 라면서 자신을 학대한다.

　자신은 분명 단어를 알고 있는데 막상 써먹어야 할 그 상황이 오면 쓰지 못했던 경험. 그것은 매일 도서관 구석자리에서 단어를 암기했던 우리나라 특유의 단어 암기법 때문이다.

　잠시 단어 암기의 과정을 살펴보자. 암기한 단어를 사용하는 것은 세 가지의 암기 형태에서 나오게 된다.

　첫 번째, 어떤 단어를 책에서 보고 이해하는 읽는 과정, 두 번째는 어떤 의도를 얘기하고 싶을 때 적절한 단어가 생각나 말을 하는 과정, 그리고 마지막으로 외국 방송이나 외국인들이 하는 말(단어)을 알아듣고 이해하는 과정이다.

　그런데 불행히도 한국식 단어 암기는 첫 번째 과정까지를 말한다.

우리가 중고등학교 때 그렇게 해오던, 스프링 노트에 단어를 계속 적으면서 동그라미까지 치며 익히는 과정이 바로 그것인데, 아마 우리나라 사람이면 누구나 한 번씩 해본 공부법일 것이다. 그러나 이 과정은 말 그대로 눈에 보이는 단어를 암기하는 과정일 뿐이지 이런 식으로 암기한 단어들을 직접 말을 할 때 사용하거나 CNN 등에서 들린다는 것은 거의 불가능한 일이다.

그렇다면 이 세 가지의 단어 암기 과정을 동시에 잡을 수 있는 방법은 없을까? 이왕 외우는 건데 읽으면서 쓰면서 말하면서 들으면서 외울 수 있지 않을까?

그 방법이 있다. 그것은 읽으면서 쓰면서 눈에 익혀놓은 단어들을 수업시간에 튜터와 쓰면서 익히는 것이었다. 물론 이 방법은 아침식사 시간에도 써먹을 수 있지만, 식사시간은 어디까지나 사적인 시간이니 그리 집중력 있게 공부할 수는 없었다. 하지만 수업시간은 다르다. 선생은 그날 내가 외워야 할 단어들을 미리 알고 있고 관련한 질문까지 미리 준비를 해왔다.

예를 들어 보자. 'Voice 목소리, 음성, 문법에서 태'란 단어가 있다. 나는 'Voice'란 단어를 모른다. 그래서 새벽에 이 단어를 수십 번씩 종이에 써가면서 눈과 입으로 익혔다. 물론 그 짧은 새벽시간에 이 단어를 외웠다고 장담할 수는 없다. 그러므로 여기서 말한 암기는 단지 눈으로 익혔다는 뜻이다. 그럼 나는 'Voice'란 단어를 앞에 놓고 튜터와 대화를 한다. 다시 말해 튜터와 나는 'Voice'란 단어를 반드시 사용하면서 대화를 해야 한다.

쏭 : You have very nice *voice*. 당신은 목소리가 정말 좋군요.

튜터 : Oh really? Do I have nice *voice*? 정말요? 내 목소리가 좋아요?
Thank you, and your *voice* is nice too. 고마워요. 당신 목소리도 좋아요~.

쏭 : Oh no~, my *voice* is terrible. 오~ 아니에요. 내 목소리는 끔찍하죠.

튜터 : Don't worry. Your *voice* is very attractive. 걱정마요. 당신 목소리는 매우 매력적이니까.

쏭 : Anyway, teacher? Can you teach me passive *voice*? 어쨌든, 선생님, 수동태에 대해 알려주시겠어요?
voice part is very difficult for me. 제겐 너무 어렵거든요.

튜터 : Ok, I will teach you about passive *voice* and active *voice*. 좋아요. 수동태와 능동태에 대해 가르쳐주죠.

쏭 : We will study about passive *voice* and active *voice*, right? 수동태와 능동태에 대해 공부하는 거 맞죠?

튜터 : Yes, passive *voice* and active *voice* are very important. 그래요. 수동태와 능동태는 매우 중요해요.

여기서 잠깐!

나는 무엇이든 절대 한 번에 기억하는 법이 없다. 아이큐도 낮고 암

내가 만든 1:1 수업 스케줄표. 매 시간마다 수업 내용을 이 표에 정리했다.

기에도 그리 밝지 않다. 하지만 이 수업을 할 당시에 'Voice'란 단어는 어느 정도 익숙한 상태였다. 왜냐하면 수업 시작 바로 전에 익혔기 때문이다. 즉, 아직은 내 머릿속에 익숙한 상태로 남아 있다는 뜻이다.

이 단순하고 짧은 대화에서 나는 내가 새벽에 익힌 'Voice'란 단어를 무려 6번을 사용해 말을 했으며, 7번을 상대방을 통해 들었다. 이것은 단어 암기에 있어 매우 중요한 방법이다. 읽고 쓰기 포함, 말하고, 듣는 단어 암기 과정을 한꺼번에 동시에 해결하고 있는 것이다.

물론 이렇게 한다고 'Voice'란 단어가 100% 암기된다는 것은 불가능한 일이다. 하지만 최소한의 시행착오로 많은 단어를 짧은 시간 안에 암기를 할 수 있는 매우 중요한 방법임엔 틀림없다. 특히 나처럼 돌아서면 잊어버리는 아저씨는 말이다.

❺ 발음은 그 사람의 첫인상이다

★─ 영어 발음은 정말 중요한 것일까?

절대적으로 중요하다, 아니다를 말할 수는 없겠지만, 한 가지 확실한 것은 '발음은 첫인상'이라는 사실이다.

누구를 만나든 첫인상은 매우 중요하다. 사람을 처음 본 그 짧은 순간, 첫인상은 그 사람에 대한 전체적인 이미지, 성격, 심지어 능력까지도 말해준다. 물론 첫인상이 다 맞는 것은 아니다. 하지만 최소한 그 순간만큼은 그렇다.

내가 영어에 있어 첫인상이 발음이라 말하는 이유는 처음 사람을 만나 그 사람의 영어 능력을 평가하는 가장 중요한 요소가 바로 발음이기 때문이다. 어떤 사람이 정말 영어를 잘하고 열심히 해서 토익을 만점 받고 영자신문을 술술 읽는 영어의 달인이라고 치자. 그런데 달인의 핸디캡은 발음이었다. 발음이 워낙 구려(?) 시골 할아버지들이 하는 영어 발음, 예를 들어 "아이 원뜨 투 해브 걸 푸렌드 밧뜨 아이 캔… I want to have a girl friend but I can…"이라고 말한다면? 혹시라도 옆을 지나가는 행인이 이 발음을 들으면 '영어 정말 못한다~'는 편견을 가질 수밖에 없다.

이와는 반대로 영어 실력은 그저 그런데 발음이 정말 끝내주는 여학생이 있다. 이 학생과 대화를 해보면 '와 영어 잘한다~!'라는 감탄사가 절로 나온다.

  내가 이 얘기를 하는 이유는 우리가 영어공부를 많이 해 영어 능력을 높이는 것도 의의가 있겠지만, 자신의 영어 능력을 최대한 있어 보이게 하는 것도 중요한 능력이라는 점이다. 영어 면접도 그렇고 외국 바이어를 만나는 일도 그렇다. 또 발음이 정확하다는 것은 정확한 발음을 들을 수 있는 중요한 요소이다. 내가 원어민과 같이 발음을 하면 정확한 발음에 익숙한 내가 원어민 방송 등을 쉽게 들을 수 있는 것은 너무나 자명한 일이다.

  그렇다면, 이런 중요한 발음 공부를 도대체 어떻게 해야 할까?

  언젠가 한 영어학원을 우연히 방문했는데 한창 발음 공부를 하고 있었다. 선생은 혀를 낼름거리면서 "R~~아알~~, L~~에엘~~~" 발음을 반복하고 있었다. 학생들은 참새들처럼 짹짹거리며 따라하고 있었다.

  그렇다면 이렇게 해서 정말 발음이 좋아질까? 물론 이런 연습을 안 하는 것에 비하면 훨씬 좋아질 것이다. 하지만 우리가 생각하는 만큼 그렇게 발음이 향상되지는 않는다. 그 이유는 우리가 발음을 공부하는 궁극적인 목적이 단어 한 자의 발음을 좋게 하려는 것이 아니기 때문이다. 결국 발음 공부의 궁극적인 목적은 최대한 원어민과 같은 소리를 내어 상대방으로 하여금 혼란 없이 정확하게 그 뜻을 전달시키기 위해서인데, 단어 하나하나의 발음만을 공부하면 당연히 한계가 드러나게 마련이다.

그렇다면 발음이 좋다는 것은 무엇을 뜻할까? 우리가 말하는 원어민처럼 얘기하는 사람들의 특징을 보자.

우선 'Reading'의 'R' 발음은 확실히 굴려 "뤼딩"이라 말하고 'Leading'의 'L' 발음은 편하게 "리딩"이라 발음한다. 즉, 알파벳 하나하나의 발음이 정확하다.

두 번째는 각 단어별로 정확한 강세악센트가 있다. '김치는 한국의 전통 음식이다'라는 말을 영어로 하면 "Kimchi is Korean Traditional Food."가 된다. 이 문장을 읽을 때 'Korean Traditional' 단어의 악센트를 'Koreán Traditiónal'에 두고 읽는 사람이 몇이나 될까? 아마 대부분의 사람들이 그저 평범하게 'Kórean Tráditional'이라 읽지 않을까?

그렇게 오랜 시간 동안 보고 들어왔던 한국이란 단어 'Korea'를 우리는 그냥 'Korea'라고 읽는다. 우스갯소리로 전 세계에서 'Koréa'를 'Kórea'라고 읽는 사람들은 'Korean' 밖에 없다라는 말을 할 정도로 우리는 아무런 생각 없이 'Ko'에 강세를 두고 읽는다.

마지막으로, 영어를 잘하는 사람들은 중요치 않은 단어를 과감히 생략하고, 억양을 정확하게 한다. 내가 영어공부를 시작하려 준비할 때 한 학원설립자의 강연을 들은 적이 있는데, 그때 그분께서 "그 개는 뼈를 먹을 예정이다, 를 어떻게 말하죠?" 하고 물은 적이 있다. 물론 사람들은 모두 쉽게 맞췄다. "The dog will eat the bone." 그러나 맞춘 사람들 중에서 정확한 인토네이션, 즉 억양을 살려 읽은 사람은 드물었다. 대부분의 사람들은 자신 있게 "더 독 윌 잇 더 본~!"이라 읽었다. 그러나 막상 원어민이 읽었다는 테잎을 들어보면, "드독 을 잇 더 본"으로 들리는 것이다. 쉽게 비유하자면, 우리가 "철수는 학교에 가요"라는 문장을 읽을 때 '~가', '~는', '~요'는 거의 안 들릴 정도로 말하게 마련이다. 그 이유는 우선 철수와 학교를 제외한 조사나 접미사들은 문장을 읽는 데 중요하지 않기 때문이다. 꼭 있어야 하나 정확히 읽지 않아도 상대방은 이미 알고 있기 때문에 자연스럽게 약해지는 것이다.

영어도 마찬가지다. 문장에서 'the' 'will' 등의 관사나 조동사는 문법으로 보면 중요하나 문장을 읽는 데 있어서는 그리 중요치 않기 때문에 원어민들은 거의 생략하거나 작게 발음한다. 하지만 우리들은 절대 그렇지 못하다. 문장을 읽다가 'the, will, of' 등이 나오면 자연스레 크게 읽게 되는데, 그것은 간만에 아는 단어가 나왔다는 기쁨과 이 단어를 읽으면서 다음에 나올 약간 어려운 단어를 생각하기 때문에 이렇게 쓸데없는 단어들에 힘이 가고, 이는 문장 전체의 억양, 즉 인토네이션intonation을 망치는 원인으로 작용한다.

결국 발음이 좋아지려면 발음, 강세, 그리고 억양이 좋아야 한다는 결론을 얻을 수 있다. 그렇다면 어떻게 해야 원어민처럼 좋은 발음을 할 수 있을까? 그것은 다름 아닌 흉내이다. 너무 쉬운 말일까?

사실 한국어를 배우는 외국인이 한 한국인의 목소리를 그대로 흉내 낸다면 우리는 "와, 발음 좋네!"라고 할 것이다. 그럼 우리도 원어민이 말하는 대로 그대로 따라하려고 노력하면 되는 일이다.

왜 어린아이들의 영어 발음은 우리 같은 성인들이 절대 따라갈 수 없을 만큼 좋을 것일까? 그것은 사심 없이 있는 그대로를 따라하려는 아이들의 습성 때문이다. 그러나 성인들은 이미 자란 두뇌를 갖고 있기 때문에 절대 아이들처럼 될 수가 없다.

그럼 아이가 아닌 우리들은 어떻게 해야 할까? 노력을 해야 한다. 아이들처럼 자연스럽게 사운드를 받아들이는 능력이 사라졌기 때문에 억지로 따라하려고 노력을 해야 한다.

당시 수업이 시작되면 나는 두 페이지에 한해 이미 단어를 정리해 놓은 〈타임지〉를 폈다.

"…well of course, what I mean she is the most beautiful girl in town."

선생님은 천천히, 또박또박 그리고 큰 소리로 문장을 읽었다. 이렇게 선생이 한 문장을 읽는 동안 내 시선은 책이 아닌 선생의 입술에 고정되어 있었다. 그리고 마치 오락시간에 성대모사를 하듯 선생의 목소리를 그대로 흉내 내기 시작했다. 표정까지도 말이다.

이것은 내 발음공부에 지대한 영향을 미치게 되었는데 그 이유는 다음과 같다.

위의 문장을 한국식으로 읽어보면 "웰~ 오부 콜스, 홧아 민, 쉬이스 더 모스트 뷰티플 걸 인 타운~"이다. 다들 쉽다고 얘기할 것이다. 그러나 선생이 읽는 톤과 발음은 분명 달랐다. "웨러브 콜스, 워라민,

쉬스 드 모슷 뷰리플 그어린 타운"이라 읽는다.

그냥 들으면 쉬운 듯한 방법이지만 사실 정말 하기 힘든 일이 영어 성대모사이다. 왜냐면 우리 한국 사람에겐 이상한 본능이 있기 때문이다. 선생이 아무리 훌륭한 발음으로 말을 해도 그걸 곧이곧대로 듣고 흉내 내려 하지 않고 적혀 있는 문장을 그대로 읽어버린다. 선생님이 아무리 "웨러브 콜스 well of course"라고 외쳐도 한국인은 그 소릴 무시하고 "웰, 오부 콜스"라고 읽고, 선생님이 목이 터져라 "뷰리플 그어얼"이라 말해도 우린 그저 "뷰티플 걸"이다.

사람들은 이 두 시간 동안 내가 선생과 단순한 읽기 수업을 하고 있다고 생각할 수 있다. 그러나 두 시간 동안 나는 책을 거의 보지 않는다. 내가 유심히 관찰하고 노력하는 것은 선생의 입 모양과 그 입에서 나오는 소리를 잽싸게 머릿속에 담아 그대로 흉내 내는 일이기 때문이다.

두어 시간 동안 선생의 입 모양과 목소리를 듣고 목이 터져라 흉내 내면서, 그렇게 나는 7개월 넘게 이 수업을 했다. 그 결과, 지금 내 발음은 그리 좋지는 않지만 그렇다고 나쁘다는 소리도 듣지 않는다.

❻ 한국 신문을 번역하다

★ ― 다른 언어도 그렇지만 영어는 여러 요소들이 다양하게 결합되어 소리와 글로 전달되는 언어이다. 그중 중요한 요소가 바로 한국인이 그렇게 강하다는 문법이다. 문법력은 쓰기에서 판가름 난다. 그렇다면 문법에 강한 한국인들의 쓰기writing 능력은 정말 강할까?

물론 절대 그렇지 못하다. 그 이유는 전 세계 사람들 중 유일하게 문법을 영어와 별개로 여기고 문법을 쓰기, 읽기, 말하기에 절대 적용하지 못하는 사람들이 바로 한국 사람들이기 때문이다.

문법책은 사전이다. 영어 쓰기 연습을 할 때 모르는 부분이 있으면 바로 펼쳐볼 수 있는 그런 사전과 같은 책 말이다. 그럼 잘 쓰기 위해서는 문법 말고 또 무슨 공부를 해야 할까?

내가 하고 싶은 말을 멋진 발음으로 술술 해나가는 스피킹을 꿈꾸는 만큼, 나의 의도를 멋진 글로 표현하고 싶은 것 또한 모든 이들의 꿈이다. 이를 위해 가장 중요한 건 당연히 읽기이다.

글을 잘 쓰는 사람들의 공통점은 독서량이 많다는 점이다. 즉, 책을 많이 읽으면 많은 표현들을 자기도 모르게 익히게 되고 그 결과 자기도 모르게 자신의 글에 적용하게 되기 때문이다. 이 말은 남의 표현을 잘 모방하면 좋은 글을 쓸 수 있다는 말과 상통한다. 지난 4개월간 나는 쓰기를 위한 기본 문장을 열심히 반복하면서 익혔다.

나의 쓰기 연습은 두 가지로 나뉘는데, 하나는 문법책의 예문을 쓰면서 익히는 것과 또 하나는 번역을 하는 것이다. 전자의 경우는 워낙 흔한 공부법이니 굳이 설명하지 않아도 알 것이다. 그리고 다소 생소한 후자의 방법은 나름대로 많은 효과를 보았다.

쓰기 연습에 좋은 방법으로 사람들은 영어일기를 추천하는데 이 방법에 대해 나는 매우 회의적이다. 일기란 어떤 사실을 머릿속으로 정리해 글로 적는 창조적인 작업이다.

'영어공부하기도 바빠 죽겠는데, 굳이 골치 아프게 글을 만들면서까지 할 필요가 있을까? 그리고 영어공부로 아침을 열고 영어공부로 하루를 마감하는 뻔한 하루 일과에 일기라니? 결국 같은 문장만 쓰거나 없는 것을 지어야 한다는 결론인데….'

솔직히 말하자면, 써야 할 글을 생각할 만한 여유와 시간도 없었다. 그래서 생각해낸 것이 번역이었다. 한국어를 영어로 말이다. 번역은 최소한 창조의 고통은 없으니까.

물론 말도 안 되는 영어로 번역을 한다는 것에 많은 사람들이 비웃을 것이라는 생각도 든다. 하지만 번역 자체를 대단한 작업이라고 여기는 선입견을 갖고 있다면 이런 공부는 시작도 못한다. 그보다는 자신의 수준에 맞추어 그 범위 안에서 한국어를 영어로 바꾼다는 가벼운 생각을 하는 것이 부담 없다.

그렇게 해서 내가 번역을 시작한 것이 한국 신문이었다. 신문은 경제, 정치, 문화, 예술, 스포츠 등 우리 생활의 모든 것이 담겨져 있는 매체이다. 즉 다양한 주제의 글을 쓸 수가 있다는 뜻이기도 하다. 또 하나 장점은 일기의 경우 내가 어떤 글을 쓰다 막히면 그냥 쉽게 글을 바꾸거나 그 상태에서 바로 마무리를 할 수 있지만, 번역은 내 마음대로 글을 바꾸거나 그대로 마무리 할 수 없는 작업이다. 물론 당시에 내가 무슨 엄청난 번역을 한 것은 아니다. 당시 내 번역은 완전 기초 수준도 벗어나지 못한 상태였다.

그런데 이 공부를 하면서 나는 내 자신이 너무 멋지다는 자아도취에도 빠졌었다. 내가 번역을 하다니! 그것도 한국어를 영어로! 마치 영어 전문가가 된 기분이었다.

공부를 하면서 이런 자부심과 자신감은 긴 레이스를 펼치는 나에게 영양제와 같은 것이었다. 그래서 나는 짧게는 10줄, 길게는 20여 줄 되는 신문 기사를 매일 꾸준하게 번역해보았다.

자, 그렇다면 내가 한 번역 솜씨는 어땠을까?

당시 신문에 이런 기사가 있었다.

'한국의 인터넷 보급률이 급증하여 70퍼센트를 넘어섰다.'

먼저 나는 이 문장의 주요 단어들을 사전을 뒤져 영어단어로 바꾼다.

- 한국의 — Korea's
- 인터넷 보급률 — internet spread rate

- 급증하여 — increase
- 70퍼센트를 넘어섰다 — more than 70%

　이렇게 번역한 영어단어를 이용해 문장을 만들어보면, "Korea's internet spread rate increased more than 70%."로 정리가 된다. 사실 생각보다 쉽다.

　이렇게 나름대로 정리한 문장을 다음 날 선생님께서 꼼꼼히 체크해 주신다. 그러나 여기서 중요한 것은 선생님께서 틀린 부분을 고쳐주지는 않았다는 점이다. 그리고 그 점은 내가 원하는 것이기도 했다. 즉석에서 선생님이 고쳐버리면 나는 이 문장을 두 번 다시 생각하지 않게 되고, 결국 틀린 점은 계속 틀리는 오점으로 남을 것이다. 그래서 문제가 있는 부분은 파란색으로 지적을 해주셨다.

　선생님께서는 내가 쓴 문장 중에서 'spread rate increased'에 파란색으로 밑줄을 그어 지적해 주었고, 나는 이 부분의 문제점에 대해 고민해야 했다. 파란색이 칠해져 있으니 틀린 부분이거나 어색한 부분인데, 난 도저히 무엇이 틀렸는지 알 수가 없었다. 그래서 '보급률'이라는 단어를 사전에서 수십 번 찾아보았다. 그러던 중 상업적 보급률이란 단어가 'Penetration'이라는 사실을 알게 되었다.

　그 다음은 'increased'였다. 왜 파란 줄을 그었을까?

　문법책을 찾아봤다. 일반적으로 좋은 문법책이란 좋고 다양한 예문들이 많이 실려 있는 책인데 다행히 비슷한 문장들이 실려 있었다.

거기서 발견한 중요한 문법 상식은 'increase'를 현재완료로 써야 한다는 것이었다. 즉 과거 어떤 시점에서 지금까지 이어온 사실을 언급했으니 과거형인 'increased'가 아니라 'has increased'가 맞는 말이다. 나는 이 'increased'라는 단어를 이용해 현재완료가 이런 식으로 쓰인다는 사실을 알 수 있었다.

이렇게 선생이 지적해주고 내가 스스로 찾아 완성한 문장은 다음과 같았다.

"Korea's internet penetration has increased more than 70%."

비록 완벽하진 못하지만 이렇게 한 문장 한 문장을 내 스스로 만들어갔고, 한 문장을 여러 번 반복해서 써보니 자연스럽게 문장을 익힐 수 있었다.

★ ― 듣기와 읽기 그리고 말하기와 쓰기는 각각 공통점이 있다. 말하기와 쓰기는 막히더라도 다른 단어 혹은 손짓 발짓을 사용해 자신의 의지를 표현할 수 있지만, 듣기와
읽기는 자신의 의지와 관계없이 상대방의 의지를 읽고 듣는 것이기 때문에 더 많은 노력과 시간이 걸린다는 점이다. 더군다나 표정이 안 보이는 테잎 속 상대방은 더욱 그러하다. 이 어려운 리스닝에 대해 나의 공부법은 변함이 없었다. 다만 내용, 즉 분량이 좀 더 많은 교재를 선정했다.

이를 다시 한 번 간단히 정리하자면 다음과 같다.

전날 밤 교재 내용을 스스로 독해한 후 2~3번 이상 반복해 직접 써본다. 물론 독해를 하면서 해설집에 어느 정도 의지를 해야 했다 책 자체는 쉬운 내용이었지만 내 실력이 완벽한 독해를 할 수 없는 수준이었기 때문이다. 이렇게 한 문장 한 문장 독해를 해나가면 전체적인 내용이 눈에 들어오게 되고, 독해를 마친 본문의 내용들은 2~3번에 걸쳐 직접 연습장에 적어보았다. 워낙 내용이 짧아 그리 오래 걸리진 않았다.

직접 읽고 쓰기까지 한 본문은 내용이 그대로 녹음되어 있는 CD를 이용해 전반적으로 리스닝을 했다. 비록 간단한 내용의 짧은 본문이었지만 그것을 해석하고 직접 써보고 듣기까지 했으니 리스닝이지만 단순한 리스닝으로 끝나지 않고, 오히려 리딩과 라이팅까지 연습이 되는 일석삼조의 공부였다.

그리고 다음 날 수업시간에 선생은 직접 천천히, 정확히 그리고 큰 목소리로 본문을 읽고 나는 그것을 받아 적는다. 물론 한 문장을 최소한 3번 이상 반복해 읽어주기 때문에 큰 문제는 없었다. 이후 시간이 지나면서는 더욱더 익숙해져 몇 개월 후에는 튜터 없이도 CD를 듣고 직접 받아쓰기를 했다.

물론 여기서 리스닝 공부가 끝났다면 너무 싱거울 것이다. 나의 리스닝 공부는 점심을 먹은 뒤 영화공부로 이어졌는데 이때 공부한 내용은 〈포레스트 검프〉, 〈타이타닉〉 등이었다. 수업은 영화의 내용을 듣고 그대로 말로 흉내 내는 것을 위주로 선생과 역할을 정해 마치 배우가 된 듯 재미있게 공부했다. 얼핏 보면 스피킹 시간인 듯싶지만 역할 분담을 하면서 서로의 말을 들어야 하기 때문에 리스닝 공부에도 많은 도움을 주었다.

이미 해설집을 통해 상대방, 즉 선생의 말이 무슨 뜻인지 해석이 되었지만 이 영화공부를 통해 나는 정형화 되어 있는 CD의 소리가 아닌 좀 더 자연스런 표현을 익힐 수 있었다.

아직도 생생히 기억나는 〈포레스트 검프〉의 대사가 있다.

첫 장면으로, 깃털이 바람을 타고 날아가다 포레스트 검프가 앉아 있는 버스정류장에 떨어진다. 그것을 주워 가방에 넣는 포레스트 검프, 가방 안에서 초콜릿 한 박스를 꺼내더니 옆에 있는 흑인여자에게 권한다.

Hello, my name is Forrest, Forrest gump.
My mam said life was like a box of chocolate you never know what you are going to get. 어머니가 말씀하시기를 인생은 초콜릿 상자와 같다. 네가 어떤 초콜릿 상자를 고를지는 아무도 모른다.

밸런타인데이 같은 특별한 날에 주고받는 초콜릿 상자에는 많은 초콜릿이 들어 있고, 각 초콜릿마다 그 맛이 모두 다르다. 어떤 것에는 사과맛이 들어 있고, 어떤 것에는 위스키가 살짝 들어 있기도 하다. 그래서 당신이 어떤 맛의 초콜릿을 집을지 아무도 모른다는 뜻이다.

정말 그랬다. 영어는 남의 얘기였고 특별한 사람들만이 할 수 있다고 생각했는데, 내가 그걸 했고 가르치기까지 하다니. 정말 인생은 아무도 모르는 것 같다.

❽ 좀 더 오래, 좀 더 길게 영어로 얘기하자!

★ ― 나른한 오후 3시. 늘 그랬듯이 나의 킬러 본능이 되살아나는 시간이다. 수첩과 카메라, 녹음기, 책 등을 들고 나는 집을 빠져나가 인근 대학으로 향했다. 이제 친구들도 꽤 많이 사귀어서 서로 약속을 하고 만나기도 했다.

내가 하고 싶은 이야기, 또 그 친구들의 이야기를 들으면서 나는 많은 걸 배우는데, 특히 그 친구들과의 대화 도중에 내 영어의 한계를 많이 느낄 때가 그러하다. 어느 영역이든 처음 배울 때는 새롭고 신기하니 모든 것을 스펀지처럼 빨아들이지만 시간이 지나면 여러 가지가 무뎌진다. 영어도 마찬가지다. 더군다나 나처럼 하루 종일 혼자 공부하면서 개인지도를 받는 사람들에게는 말이다. 여기엔 혼자 있다는 두려움과 처음 공부를 다짐하고 벌써 시간이 이만큼 지나갔다는 불안감도 있을 수 있고 또 시간이 지나간 만큼 영어가 기대치에 미치지 못하는 현실 사이에서 오는 자괴감일 수도 있다.

이런 상황에서 잠시라도 집을 벗어나 젊음이 있는 대학 캠퍼스에 가서 대학생들과 다양한 얘기를 나누는 것은 일종의 탈출구이자 자기 영어에 대한 현실을 되짚을 수 있는 좋은 동기가 될 수 있어 하루 중 유일하게 내가 기다리는 시간이기도 했다.

그날도 나는 신문방송학을 전공하는 친구를 만났다. 우연히 대학 캠퍼스에서 만난 이 친구는 영어연수기간 동안 나에게 많은 도움을 주었다.

친구 : Hi, how are you? 안녕? 오늘 어때?

쏭 : I'm fine, thank you. and you? 좋아, 너는?

친구 : Pretty good, I'm bit busy because of my homework 아주 좋아, 숙제 때문에 좀 바쁘긴 하지만.

쏭 : Really? 그래?

친구 : Yeha… My homework is about communication…@#$%? … that's the reason why I hate… 커뮤니케이션과 관련된 숙제인데… 내가 그걸 싫어하는 이유는…

쏭 : Really? 정말? T.T

친구와의 대화에서 내가 주로 한 얘기는 겨우 "I'm fine, thank you. and you?" 정도와 "really"가 전부였다. 하루 이틀도 아니고 매일 이 말을 입에 달고 살았으니 정말 지겹고 내 영어가 싫었다. 그러면서 그 친구가 왜 그 숙제를 싫어했는지, 나도 싫어했던 숙제에 대해 그 친구처럼 말하고 싶은 충동이 폭발 직전이었다. 좀 더 잘 얘기하고 싶고, 좀 더 길게 얘기하고 싶고, 좀 더 심도 있게 얘기하고 싶은 욕심이 생기는 것이다.

처음 4개월 동안에는 그저 나와 얘기해주는 사람이 고마웠고, 이야기 한다는 것 자체가 신기했는데, 이제는 어떻게 하면 잘 얘기할지,

어떻게 하면 오래 얘기할지를 고민하게 되었다.

지금 생각하면 너무나 당연한 현상이다. 이런 고민은 한 단계 높은 영어에 대한 갈망이었다. 사람이 고민과 갈망 그리고 좌절을 통해 성숙하듯, 내 영어도 이런 과정을 통해 조금씩 성장하고 있었다.

★ ― 저녁식사와 함께 휴식을 취한 뒤에는 여전히 하루 일과의 마지막인 저녁공부를 시작한다. 앞에서도 언급했지만 저녁공부 시간은 매우 중요하다. 암기 등 집중해야 할 부분을 공부하는 유일한 시간이기 때문이다.

⑨ 가장 중요한 저녁공부 자습시간

우선 라이팅. 라이팅 숙제 시간은 크게 두 부분으로 나뉜다. 선생님께 최종 검사를 받은 완성된 라이팅을 2~3번 반복해 완전한 내 것으로 만드는 공부와 선생님이 어색한 부분을 컬러펜으로 표시만 해준 1차 검사받은 라이팅의 문제점을 찾아내는 것이었다.

컬러펜으로 표시가 된 부분은 분명 그것이 문법이든 표현이든 또는 어휘 사용이든 어색한 부분이다. 왜 그것이 문제인지 사전과 문법책 등을 펼쳐보면서 혼자 고민을 한다. 선생에게 직접 고쳐달라고 하면 언제든지 고쳐줄 수 있겠지만 그렇게 하면 금방 잊어버리기 때문에 굳이 일을 만들어 했다.

사람들은 "내 라이팅은 왜 늘 똑같을까? 무슨 방법이 없을까?"라고 항상 고민하며 불평한다. 왜일까? 그건 간단하다. 라이팅은 일반적으로 자신이 쓴 글을 선생님 같은 분들이나 영어를 좀 더 잘하는 분들이 고쳐주게 되어 있다. 여기서 첫 번째 문제는 너무 쉽게 자신의 글이 좋게 바뀐다는 데 있다. 쉽게 얻는 건 쉽게 잃는다. 잘못된

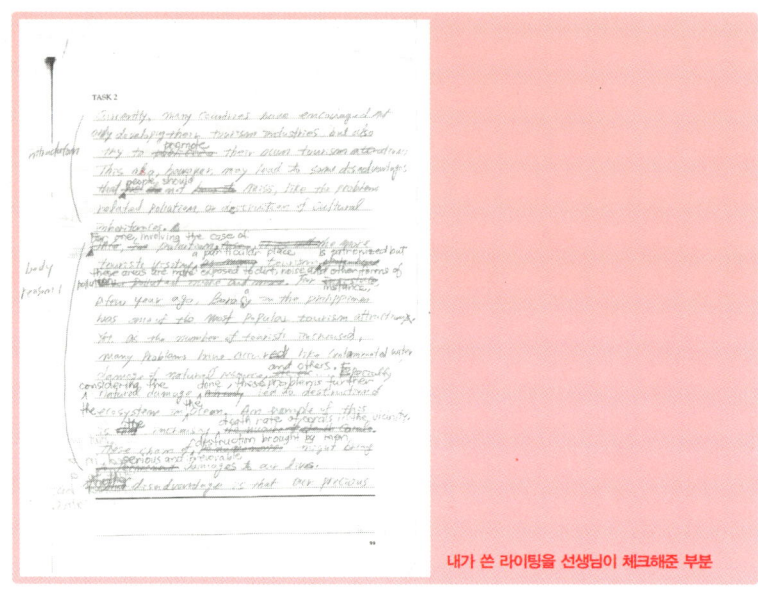

내가 쓴 라이팅을 선생님이 체크해준 부분

부분을 발견하는 것까지가 선생의 몫이라면 그 부분이 왜 잘못되었는지 다시 생각하고 고민하는 몫은 학생 스스로 해야 한다. 이런 고민을 한 만큼 그 부분은 100% 자신의 것이 될 수 있다.

또 하나의 문제는 틀린 부분을 늘 틀린다는 점이다. 이번에 틀린 부분은 다음 번에 틀리면 안 된다. 그런데 그게 쉽지 않다. 왜일까? 그것은 고쳐진 부분을 다시 신경 써서 암기하지 못했기 때문이다. 어떤 문장을 영어로 쓰면 살짝 자기 자신이 있어 보이기도 하고 자랑스럽게 느껴질 때가 있다. 거기에 선생이 빨간줄로 나름 수정을 해주면 더 멋져 보인다. 그런데 그게 문제다. 한번 검사받은 라이팅의 틀린 부분을 세심하게 보고 반복하기보다는 또 다른 글을 쓰기에 급급하다. 그러니 틀리는 부분은 또 틀리고, 시간이 지나면 그렇게 쓴 라이팅 노트는 쌓일지 모르지만 자신의 실력은 절대 늘 수가 없다.

다음은 독해. 독해는 정말 어렵다. 그래서 그냥 쉬운 책을 선택했다. 물론 한글로 번역이 되어 있는 독해집을 공부했다. 그리고 독해의 경우는 선생과 함께 공부한 게 아니라 혼자 독학을 했다. 결국 혼자 생각하고 풀이하는 일이고 이에 대한 정확한 답이 있기 때문에 굳이 이것을 한국말을 전혀 모르는 외국인과 공부할 필요를 못 느꼈기 때문이다.

독해 공부에 있어 가장 힘든 부분은 바로 어휘력이다. 단어가 워낙 딸리니 해석이 쉽게 될 리 만무하다. 단어의 뜻만 알면 술술 풀릴 일일텐데, 그걸 모르니 눈치 보며 앞뒤 단어 보고 찍는다.

어쨌든 이 시기 나의 리딩 공부는 매우 단순했다. 반 페이지 정도 분량의 문장을 단어 찾고, 정리하고, 1차 독해 후 다시 한 번 읽어 2차 독해를 한다. 그리고 해설집을 보면서 3차 독해를 하고, 마지막에 다시 본문을 보고 독해를 한다. 결국 이 시기에 내가 얻은 것은 독해 방법에 대한 스킬이라기보다는 '아, 이런 문장이 이렇게 해석되는구나', 또는 '이렇게 해석된 부분이 영어로는 이렇게 표현되는구나' 정도로 독해의 감을 익히는 수준이었다.

여기서 영어를 공부하고자 하는 많은 학생들에게 해주고 싶은 조언 중 하나는 가능하면 한국과 관련된 내용의 독해집을 구입해 공부하라는 것이다. 사실 기초 실력인 사람들이 외국출판사에서 만들어진 교재들을 보면 내용 자체가 우리에게 익숙하지 않기 때문에 많은 글이 쉽게 읽히지 않는다. 예를 한 번 들어보자.

당시 내가 공부했던 리딩 교재의 한 부분이다.

"… after decades of continuous growth, the population of seoul is now on a continual decline. with a population of only 1.5 million people in 1955, by 1989 the population had grown to more than 10 million. that number represented approximately one fourth of the total population of Korea…"

아래는 외국 출판사에서 나온 교재의 한 부분이다.

"… in the 1840s, the mormons who are a religious group traveled west searching for a new home. Many mormons lived in the state of Illinois. but they had been badly treated and finally were forced to leave. As the Mormons traveled through the desert, they became discouraged…"

첫 번째 교재의 내용은 서울의 인구에 대한 내용이고, 두 번째는 미국의 역사 중 조슈아 나무에 대한 이야기이다.

둘 다 해석이 잘 안 되는 것은 매한가지지만 그냥 딱 봐도 위의 한국 관련 내용이 왠지 더 쉽게 와닿아 보인다. 그것은 우리가 한국이란 나라에 매우 익숙하기 때문이다.

내가 이런 한국 관련 내용을 선호한 이유는 익숙한 소재들이 초보자들의 독해에 대한 부담을 덜어줄 수 있기 때문이다. 독해를 하다 보면 단어 하나하나는 해석이 되지만 전체 내용이 도저히 조합이 안 되는 경우가 허다하다. 이때 많은 학생들이 좌절을 하는데 이럴 때 친숙한 소재들은 단어들의 조합에 많은 도움을 주기 때문이다. 그리고 이렇게 친숙한 소재들로 단어의 조합, 문장의 조합을 연습하다 보면 나중에는 대학교 원서 같은 어려운 내용도 쉽게 받아들일 수 있는 힘이 길러진다.

리스닝. 리스닝은 자주 들어야 한다. 그럼 자주 듣는다고 무조건 리스닝이 늘까? 물론 아니다. 알아야 들린다. 여기 좀 어려운 단어 "frustrate 좌절시키다"가 있다. 이 단어를 우리가 모른다고 가정하자. 외국인이 귀에다 대고 100번 1,000번을 얘기한들, 정작 이 단어의 뜻을 모른다면 그건 그냥 외계인의 소리일 뿐이다. 그러다 이 단어의 뜻을 아는 순간 뻥 뚫리듯 리스닝이 되는 것이다.

당시 내 리스닝 공부법은 매우 단순했다. 리딩, 즉 독해한 부분을 듣는 것이다. 서점에 가면 CD나 테잎으로 함께 나오는 리딩 교재가 아주 많다. 이런 식의 교재를 이용하면 쉽고 효과적으로 리딩과 리스닝을 공부할 수 있다.

　본문의 단어와 어느 정도 해석을 해놓은 상태에서 그것이 녹음된 CD를 들으면 처음에는 익숙하지 않지만, 3~5번 반복해 청취를 하면 자연스레 그 내용이 들리고 나중에는 교재를 덮고 들어도 그 내용이 마치 책을 읽듯 귀에 쏙쏙 들어온다. 이런 식의 공부로 나의 리스닝 능력은 아이들 키 자라듯 쑥쑥 자라갔다.

Study Point

중급 영어 정복기의 하루 일과

오전	4시~6시	기상 및 자습	〈타임지〉 단어 찾기 및 고교필수단어 암기 등
	7시~8시	아침식사	주인아저씨와 암기한 단어로 대화
	8시~12시	아침공부	발음, 라이팅, 스피킹 등 아침공부
오후	12시~1시	점심식사	최대한 빨리 먹고 잠시 낮잠
	1시~3시	오후수업	리스닝 및 튜터와 함께하는 영화수업
	3시~5시	야외수업	대학 캠퍼스에 가서 실전연습
저녁	5시~6시	저녁식사	식사 후 잠시 휴식
	6시~10시	야간자습	문법, 독해 등의 자습과 다음 날 수업 예습

돌이켜보건데, 중급 과정은 정말 쉽지 않은 기간이었다. 무엇보다도 심적인 불안감이 매우 컸다. 처음 아무것도 모를 때,

다시 말해 항아리가 비어 있을 때는 조금의 물만 부어도 뭔가 차는 느낌이 들었다. 하지만 어느 정도 물이 차 있는 항아리에는 같은 양의 물을 부어도 티가 나질 않았다. 분명 물은 더 많은 양을 붓고 있는데도 그것이 티가 안 난다는 것, 너무나 당연한 일인데 왠지 영어가 뒤로 가는 것 같고, 나 혼자 멈춰 있는 것 같아 많은 심적 불안감이 찾아왔다.

매일 4시에 일어나 하루 종일 공부를 하고, 그렇게 5~6개월째 넘어가니 "아, 힘들다~!"라는 말이 나도 모르게 나오곤 했다. 이런 심적, 육체적 불안감에도 불구하고 내가 중급 과정의 8개월을 효과적으로 보냈다고 자부하는 이유는 내 마음가짐에 있었다.

조금 부정적으로 들릴 수도 있겠지만, 이 시기에 나는 무조건 양(?)으로 밀어붙였다. 여기서 양이라 함은 진도를 나가는 책을 의미한다. 힘들 때마다 혼자 중얼거리는 한마디, '참자, 이 책만 끝내면 내 영어는 엄청 늘어 있을 거야, 조금만 참자.'

사실 힘들 땐 절대 멀리 봐서는 안 된다. 저기 보이는, 마치 잡힐 듯한, 바로 내가 해낼 수 있는 그런 작은 목표를 스스로 정해 하나씩 해나가야 한다. 그것이 바로 책 한 권 한 권이었던 것이다. 어쨌든 이 책을 끝내면 영어가 늘 것이라는 생각에 나는 쉬지 않고 그 책을 끝냈고 또 그만큼의 실력이 차곡차곡 쌓이고 있었다.

이렇게 힘든 시간을 하나씩 극복하면서 얻은 가장 큰

수확은 영어에 대한 내 범위가 무척 넓어졌다는 데 있었다. 긴 기간이란 점도 있었지만 일단 내 것으로 만든 단어, 즉 어휘력이 매우 높아졌고 라이팅과 리스닝, 리딩 역시 전과 비교할 수 없을 만큼 확장되고 있었다.

특히 내가 가장 기분이 좋았던 것은 스피킹이다. 매일같이 선생님의 목소리를 성대모사 했던 탓인지 발음이 좋아져 사람들은 나를 영어 잘하는 한국인으로 인정하고 있었다. 하지만 시간이 지나가는 만큼 나의 영어에 대한 욕심(기대감)은 더욱더 커져 보다 논리적인 말과 글을 쓰고 싶어졌고, 읽기와 듣기 역시 한 차원 높은 레벨의 영어를 쓰고 싶어졌다. 영어공부를 시작한 지 1년, 그렇게 가장 힘들었던 중급 과정의 시간이 지나고 있었다.

· Episode in the philippines ·

무식이 죄, 변태 연수생이 되다

내 평생 절대 잊을 수 없는 두 개의 단어가 있다. 바로 'dimple'과 'ripe'다.

하루는 길을 가는데 찢어진 플레이보이 잡지 한 장이 길거리에 버려져 있는 것이었다. 나도 남자라고 주위를 둘러본 뒤 아무도 없는 걸 확인하고는 살짝 잡지를 주워 가방에 넣었다. 그리고 방에 들어와 마음껏 음미(?)를 하는데, 사진 밑에 'nipple'이란 단어가 씌어져 있어 얼른 전자사전을 두들겼다.

'음, 이런 뜻이…'

그 단어의 뜻은 조금 망측하지만 '젖꼭지'였다. 원래 이런 단어는 머리에 쏙쏙 들어오기 마련인지라 나는 금방 외워버렸다.

'아, 모든 단어가 이렇게 빨리 외워진다면 얼마나 좋을까?'

그리고 다음 날 아침, 여전히 안 외워지는 단어들과 씨름을 하고 있었다.

'dimple은 보조개, 딤플 보조개 딤플 보조개…'

그리고 외운 단어를 활용해서 공부하는 수업시간에 나는 선생님께 이렇게 얘기하려고 마음을 먹었다.

'선생님? 그거 아세요? 선생님 보조개가 너무 이쁘세요~*♥o♥*'

아뿔싸, 그런데 이게 무슨 일인가! 어제 외웠던 단어 'nipple'이 너무 강렬했던 탓일까? 나도 모르게 "Teacher? You know? You have very beautiful nipple~!"이라고 말을 하고 만 것이다. 갑자기 찬바람이 휙휙 불면서 선생의 당황스런 웃음…. 뒤늦게 상황을 파악한 나는 얼굴이 화끈거려 그날 수업을 제대로 할 수 없었다.

과연 나를 어떻게 생각했을까? -.-;

이후 시간이 흘렀다. 주말 저녁 주인 내외분께서 친척들을 모두 불러 집안에서 파티를 했다. 많은 음식이 있었지만 뭐니뭐니 해도 내가 가장 좋아했던 것은 필리핀의 신선한 열대 과일들이었다. 생전 듣도 보도 못한 맛난 과일들이 식탁 가득 채워졌고, 나는 마치 파라다이스의 주인공인 양 즐겁게

이야기를 나누며 파티를 즐겼다. 그러다 누군가가 나에게 필리핀 음식 중 어떤 음식을 좋아하냐고 물어보는 것이다. 나는 무엇보다도 과일을 정말 좋아한다고 대답했다. 필리핀 과일은 모두 다 좋아한다고, 뭐든 맛있다고 극찬을 아끼지 않았다.

그런데 거기서 끝나면 좋았을 것을 나름 오버를 하고 말았다.

"정말 필리핀 과일은 최고예요. 칼라만씨만 빼고…."

이어서 나는 '특히 잘 익은 과일을 먹을 때는 너무나 황홀하다'라며 마무리 멘트를 날렸는데, 문제는 그 잘 익은 과일이었다.

"…I love rape one, even rape one makes my mouth water! whenever I see(나는 강간을 정말 사랑한다. 게다가 나는 그것을 볼 때마다 입에 군침이 돈다.) [ripe : 과일 등이 잘 익은 / rape : 강간]

순간, 주위의 모든 사람들이 나를 훑어보기 시작했다.

졸지에 나는 강간을 사랑하는 변태 한국인 연수생이 되어버렸다.

PART 5

쏭선생의
고급 영어 정복기

| 7개월 |

★ — 영어공부 한답시고 직장까지 그만두고 무식한(?) 생활을 한 지도 벌써 13개월이 되어가고 있다. 하지만 꼭 해보고 싶은 일이기에 다시 한 번 마음가짐을 다잡는다. 이

제 어느 정도 영어에 대한 맛도 알았고, 영어를 어떻게 공부해야 하는지도 알았다. 그리고 가장 중요한 것은 어느 정도 영어 항아리를 채웠다는 것. 이제부터는 본격적인 대학원 입학 준비를 해야 할 차례였다.

처음 4개월 동안은 영어가 뭔지 모르는 어린아이였다면, 다음 8개월은 영어에 눈을 뜨고 영어공부를 어떻게 하면 되는지 깨닫는 과정, 즉 청소년기 정도라 생각할 수 있겠다. 그리고 이제부터는 고급 영어를 해야 하는 성인 단계쯤 될 것이다.

이 시기에는 스피킹을 해도 단순히 내가 말하고 싶은 의견 또는 의지를 전달하는 데 그치지 않고, 좀 더 논리 정연하고 정확하게 상대를 이해시켜야 했다. 라이팅 역시 단순히 양을 채우는 정도가 아니라, 서론, 본론, 결론에 근거한 논술 형식으로 내가 쓰고 싶은 이야기를 전달해야 했다.

리딩과 리스닝 역시 마찬가지였다. 그저 단순한 이야기, 재미있는 이야기가 아닌, 좀 더 많은 양을 좀 더 수준 있게 해야 하고, 대학원서 수준의 학술적 내용과 대학 수업 강사의 스피치 속도를 따라잡을

수 있을 정도의 수준이 요구되었다.

필리핀에서의 지난 12개월의 시간을 뒤로 한 채 나는 과감하게 귀국을 결정했다. 귀국을 했다고 해서 영어공부에 큰 변화가 있었던 것은 아니다. 다만 분위기를 새롭게 변화시켜볼 필요가 있었기 때문이다.

귀국 전날, 나와 필리핀 가족들은 멋진 저녁 외식을 했다. 오직 영어 하나만 생각하고 왔지만 나를 친자식처럼 대해주고 챙겨주신 이들이 있었기에 내가 더욱더 영어공부에 정진할 수 있었다고 생각하니 마지막 저녁 시간이 못내 아쉬웠다.

떠나는 날 아침, 나는 정성껏 포장한 선물을 드리면서 우리 부모님께도 잘 안 하던 큰절을 올렸다. 감기가 들면 칼라만씨 차칼라만씨 : 필리핀산 열대 과일로 비타민C가 풍부하나 워낙 산성이 강해 간장과 함께 소스의 재료로 사용한다. 내게는 주인아저씨가 도착한 첫날 디저트라며 먹어보라고 놀렸던 신 과일이었다.를 직접 타주시며 옆에서 병간호를 해주셨던 모습, 전기도 들어오지 않는 오지 산간 친척집에 함께 놀러간 기억들···. 지난 1년간의 좋은 추억들이 파노라마처럼 지나가고 있었다. 공항까지 직접 배웅을 나온 그들을 향해 손을 흔들며 나는 귀국길에 올랐다.

비행기 안, 달라진 것은 하나도 없었다. 어찌된 우연인지 출국할 때 앉았던 좌석과 비슷한 자리에 나는 또 앉게 되었다. 식사시간이 되자 승무원들이 부산하게 움직이고 있었다. 그때 문득 생각나는 1년 전의 내 모습. 비행기 안에서 말 한 마디 제대로 못해 결국 버벅대면서 기내식을 먹었던 모습이 떠올라 피식 웃음이 터졌다.

당시를 생각하며 조용히 미소를 짓고 있을 때, 때마침 아리따운 승무원이 말을 걸었다.

"Sir, would you like beef or chicken? 손님, 소고기 요리와 치킨 요리 중 어느 것을 드시겠어요?"

"I would like to take beef rather than chicken, excuse me? 치킨보다는 소고기 요리가 좋을 것 같네요. 그런데 실례지만…?"

나는 넌지시 의심의 눈빛으로 그녀에게 말을 걸었다.

"Are you sure that you have beef? 정말 소고기 요리가 있는 거죠?"

내 눈빛을 이해할리 없었던 그녀는 약간 당황하며 말했다.

"Yes sir, we have beef. 네, 그럼요."

나는 미소를 지으며 그녀에게 이렇게 말했다.

"I can not thank you enough~! 너무나 감사해요. 이 은혜를 어찌…"

그녀는 아마 지금도 내가 왜 그렇게 얘기했는지 모르고 있을 것이다.

비행기는 김포공항이 아닌 인천공항으로 착륙을 했고, 나는 눈이 휘둥그레져 감탄을 했다.

그사이 인천공항이 생겨난 것이었다. 물론 바뀐 것은 공항뿐만이 아니었다. 180도 달라진 내 영어 실력도 있었으니까. 후훗~!

비록 유명 스포츠 스타의 귀국처럼 플래시 세례는 없었지만, 적어도 그에 못지않은 영어 실력을 갖추고 돌아왔기에 더 없이 기쁜 마음이었다. 나는 의기양양하게 입국장을 빠져나와 공항버스 타는 곳으로 향했다.

정류장에서 버스를 기다리는데 외국인 한 명이 공항버스 정류소 앞에서 방황을 하고 있는 듯했다. 나도 모르게 그에게 다가갔다.

"Excuse me? May I help you? 제가 뭘 좀 도와드릴까요?"

"Aha ye… I should go to samsungdong… but… 아, 네… 삼성동에 가려고 하는데요."

"All right, Let me tell you… can you see right there? you should take that bus, then you will be seeing Samsungdong World Trade Building. 네, 제가 알려드릴게요. 저기를 보시겠어요? 저기에 가면 삼성동 무역센터로 가는 버스를 탈 수 있어요."

"Oh, thank you so much, you are so kind. 아, 너무 고마워요. 정말 친절하시군요."

"No problem~! take care~ 별 말씀을~ 그럼, 잘 가세요."

이렇게 영어로 대화를 하니 세상 사람들이 모두 내 친구가 된 듯했다.

그날 저녁, 오랜만에 집으로 돌아온 나는 깊은 잠에 빠졌다. 그리고 다음 날 아침, 아버지의 출근 소리와 어머니의 아침상 차리는 소리까지, 일상의 부산한 소리를 들으며 눈을 떴다. 세상은 여전히 바쁘게 움직이고 있었다. 그런데 순간 불안감에 휩싸였다. 남들은 벌써 하루를 준비하고 정신없이 움직이는데, 혼자만 이불 속에 누워 있는 느낌. 나는 바로 일어나 책을 챙겼다. 그리고 그날로부터 7개월간 더 영어공부에 매진했다.

며칠 사이에 환경은 180도로 바뀌었다. 무엇보다 한국에서 개인지도 선생을 구하는 일이 쉽지 않았다. 더군다나 원어민 강사의 경우는 금전적으로도 불가능했다.

그러던 중 인터넷에서 서울 혜화동에 있는 교회에 가면 쉽게 필리피노들을 만날 수 있다는 정보를 얻게 되었다. 나는 곧바로 그곳에 가서 개인 튜터를 구한다는 대자보를 붙였다. 그리고 다행인 것은 영어를 정말 잘하는 한 필리핀인이 연락을 했고, 그 다음 날부터 매일 1시간 30분씩 그분 집 앞에 있는 패스트푸드점에서 수업을 할 수 있었다.

물론 필리핀에서는 하루 평균 6시간 동안 1:1 수업을 했으니 1시간 30분은 너무나 짧은 시간이다. 그러나 나는 전혀 개의치 않았다. 수업시간의 양은 결코 영어 향상에 결정적인 영향을 미치지 않기 때문이다. 이것은 내가 1년 넘게 필리핀에서 공부하면서 직접 느낀 교훈이기도 했다.

시간이 지나고 실력이 향상되면 자연스럽게 자습시간이 늘고 선생의 비중이 줄어든다. 즉 시간이 지날수록 학생 스스로 공부하는 자습 시간이 늘어나게 되고, 스피킹과 라이팅 시간 정도에만 선생의 역할이 필요한 것이다. 이렇게 운 좋게 좋은 선생까지 한국에서 구하게 된 나는 본격적으로 고급 영어를 향한 제3라운드에 접어들었다.

일반적으로 나처럼 유학을 꿈꾸는 이들은 최종적으로 시험을 본 뒤 그 결과를 갖고 유학을 가게 된다. 물론 영어시험을 보지 않고 외국에 나가는 파운데이션코스대학 또는 대학원에 입학하기 전 1년간 대학 내에서 운영하는 영어프로그램을 이수한 자에게 대학 입학 자격을 주는 과정도 있지만, 시간도 시간이고 비용이 너무 많이 들어 나는 한국에서 토플이나 알츠 시험을 본 후 직접 대학원에 지원할 생각이었다.

"이제는 고급이다! 명품 영어를 위하여~!"

❷ 리스닝, 연음을 정복하라!

★ — **필리핀에서는 새벽 4시에 일어나 공부를 시작했지만** 한국에 돌아오니 긴장이 풀려서인지, 아니면 체력이 모자라서인지 힘이 들어 도저히 못 일어났다. 그래서 결국 시간을 늦춰 아침 6시에 기상을 해 아침을 먹고 인근 구민회관 도서관으로 향했다. 잠깐이지만 필리핀 날씨에 익숙해져서인지 봄바람이 유독 차가웠다.

공부는 8시부터 시작되었다. 첫 과목은 리스닝이었다. 지금 생각해봐도 영어를 시작하고 이날까지 리스닝 만큼은 단 하루도 쉰 적이 없는 것 같다. 리스닝은 시간과 인내를 요하는 영역이라는 말이 떠올랐다. 정말 딱 맞는 말이다.

어쨌든 리스닝은 참 어렵다. 처음에 맘을 단단히 먹고 리스닝을 듣기 시작한다. 긴장의 끈을 늦추지 않고 집중 또 집중…. 그러나 조금만 어려운 단어나 문장이 나오면 화들짝 놀라게 되고 그때부터 그 걱정 때문에 그 뒤는 거의 듣지 못한다. 또 어쩌다 아는 단어라도 나오면 기쁨에 들떠 다음 문장을 전혀 듣지 못한다. 결국 아는 단어가 나와도 문제고, 모르는 단어가 나와도 문제다. 영어공부를 하면서 이 상황을 경험해보지 못한 한국인은 아마 한 명도 없을 것이다.

정말 힘든 리스닝…. 그러나 이대로 주저앉을 수는 없으니 공부법을 만들어 실행을 해야 했다.

리스닝은 스크립트와 함께 공부하면 좋다. 리스닝의 문장들을 이해하고 그것이 어떻게 들리는지 그 소리를 귀에 익혀야 하기 때문이다.

일반적으로 리스닝의 스크립트는 리딩보다 어렵지 않아서 단어와 문장 구성이 평이한 편이다. 단지 스크립트를 눈으로 보면 충분히 이해하지만, 그 내용을 CD를 통해 듣기만 하면 무슨 말인지 도통 모른다는 것이 문제였다. 그래서 나는 다음과 같은 방법을 썼다.

1. 우선 CD를 2~3번 듣는다. 이해를 못하더라도 이해하려고 노력하면서 집중해 듣는다.
2. 관련 스크립트를 마치 리딩을 하듯 자세히 독해한다.
3. 독해 후에는 한 문장 한 문장 끊어가면서 CD를 듣는다. 문장이 소리로 어떻게 들리는지 눈과 귀로 익히는 것이다.
4. 다시 처음처럼 스크립트 없이 CD를 듣는다. 물론 이때는 아주 잘 들린다.

많은 사람들이 이 과정에 대해 궁금해하는 것이 있다.

"그렇게 스크립트 보면서 수십 번 들으면 나도 다 들리겠다. 그런데 새로운 걸 들으면 또 들리지 않잖아?"

맞는 말이다. 그런데 중요한 건 이렇게 듣는 스크립트의 양이 쌓일 경우를 생각해야 한다. 당시 내가 하루에 들었던 리스닝 스크립트의 양은 A4 한 장이었다. 일주일이면 6장, 한 달이면 25장이 넘었다. 6개월이면 150장이 넘게 된다.

하루 2시간씩 150장 분량의 리스닝을 하루도 쉬지 않고 꾸준히 공부했다면, 정말 그래도 안 들릴까? 물론 원어민처럼 100% 들을 수는 없겠지만 적어도 리스닝 시간에 멍~ 때리고 있지는 않을 것이다. 어쨌든 스크립트의 독해와 리스닝 CD를 같이 병행해 공부하면 분명 효과가 있다.

특히 이런 공부는 우리가 그렇게 힘들어 한다는 연음을 잡을 수 있기 때문에 더욱더 중요하다. 사실 리스닝이 안 들리는 이유는 리스닝 내용에 정말 어려운 단어나 숙어가 있어서라기보다는 단지 단어들 사이의 연음 등으로 인해 그 쉬운 단어들이 잘 들리지 않기 때문이다. 그러나 '아, 이런 단어가 붙어 있으니 이렇게 소리가 나네?' 하는 식으로 스크립트와 함께 공부를 하면 쉽게 연음을 파악할 수 있다.

예를 들어보자.

리스닝 교재 CD에서 나오는 음성을 소리 나는 대로 적어보았다.

"아브 컴러 턴더 부카 바로우드."

아무리 듣고 또 들어도 도통 무슨 말인지 모르겠다. 그런데 정작 이 소리의 원문은 다음과 같다.

"I've come to return the book I borrowed. 나는 빌린 책을 반납하려고 왔다."

헉 말도 안 돼! 아니 어떻게 이렇게 발음이 되지? 하지만 여기엔 법칙이 있다. 일단 미국 영어에서 'water'를 '워러'라고 하지 '워터'라고 하지 않는 것처럼, 'T' 다음에 모음이 오면 'T'가 'L'이나 'R' 사운드로 바뀌어 발음된다. 그러니 '컴투 come to'가 아니라 '컴러'가 되고 'come to return 컴러 리턴'이 '컴러턴'이 되는 이유는 버스정류장인 'bus stop'을 '버스 스탑'이 아닌 's' 하나가 생략되어 '버스 탑'이 되는 것과 마찬가지다.

'북카'는 어떤가? 보통 모음으로 시작되는 단어의 경우에는 바로 앞 단어의 자음에 붙는 성질 'all about'이란 말이 '올 어바웃'이 아니라 실제로는 '올러 바웃'이 되는 것과 같다로 'book I' 역시 'book'의 'k'와 'I'가 합쳐져 '부카'가 되는 것이다. 이런 연음법칙들이 있으니 원래 "I've come to return the book I borrowed. 아이브 컴투 리턴 더 북 아이 바로우드"가 되어야 할 사운드는 "아브 컴러 턴더 부카 바로우드"가 되는 것이다.

이렇게 듣기 불가능할 것 같은 리스닝 문장도 한 문장, 열 문장, 백 문장을 매일 듣게 되면 자연스럽게 익숙해져 들리게 된다.

★ ― '아, 도대체 무슨 뜻일까? 왜 이리 안 되는 거야~ 정말, 미치겠네~~'

❸ 리딩의 정석, 스캐닝으로 요점을 파악하자

리딩 공부 중에 수없이 튀어나오는 한탄이다. 리딩만큼 내 속을 긁어놓은 영역도 없을 것이다. 영어공부를 하는 첫날부터 지금까지, 리딩이란 얘기만 나와도 나는 가슴이 두근거린다. 그만큼 나에게 리딩은 힘든 영역이었다. 리딩의 핵심은 뭐니 뭐니 해도 스피드에 있다. 한 문장을 얼마나 빨리 읽느냐, 그것이 리딩의 관건이다.

사실 아무리 어려운 문장일지라도 시간이 넉넉하고 사전이 옆에 있다면 누구나 어느 정도의 독해는 가능할 것이다. 그러나 문제는 그렇지 못하다는 것이다.

나 같은 유학 준비생이 리딩을 공부하는 이유는 무엇일까? 그건 원서를 읽기 위함이다. 원서는 한두 문장으로 되어 있지 않다. 말 그대로 책 한 권이다. 그렇다고 몇박 몇일을 책 한 권과 씨름할 수 없기 때문에 제한된 시간에 최대한 많은 글을 정확히 읽는 능력이 필요하고 결국 그것이 리딩을 공부하는 궁극적인 목적이다.

리딩 공부에서 가장 중요한 것은 단연 어휘력이다. 사실 "어휘력은 리딩의 전부다!" 할 정도로 중요하다. 문장을 읽으면서 모르는 단어 없이 모든 것이 다 해석된다면 그것처럼 완벽한 게 또 있으랴. 그러나 불행히도 나 같은 보통 사람들이 완벽한 어휘력을 갖추기란 사실상 불가능하다. 어떻게 그 많은 단어들을 다 외울 수 있겠는가 말이다. 그렇다고 전자사전을 놓고 매일 두드리면서 할 수 있는 것도 아니고.

그래서 리딩은 키워드를 잡아내는 것이 중요하다. 리딩 시간이 되면 나는 하루에 읽을 분량 A4 2장 정도 분량의 본문 2개을 놓고 마치 결전을 앞둔 운동선수인 양 잠시 눈을 감는다. 혼자말로 "Are you ready? Ssong?" 그리고는 바로 독해에 들어간다. 제한 시간은 20분이다. 20분 동안 두 장을 해석한다는 것은 쉬운 일이 아니다. 그러나 내가 중점을 두는 것은 스피드와 요점 파악이었다.

1. 처음 3분 동안 나는 눈에 띄는 단어들만 툭툭 체크하며 지나갔다. 해석을 하는 것이 아니라 내가 아는 단어들 중 중요하다 싶은 단어들만 동그라미를 치는 정도이다. 3분이 지나고 내가 표시한 단어들을 중심으로 상상의 나래를 펴본다. '음~ 산업, 온도, 북극… 이런 단어들로 미루어 보아 이것은 분명 지구온난화에 대한 얘기일 듯싶군.' 그렇게 마치 셜록 홈즈 탐정처럼 짐작을 한다.

2. 그리고 다시 5분을 또 한 번 훑어본다. 이번에는 관련 단어뿐만 아니라 나름 문맥에서 중요하다 싶은 단어들까지 표시를 한다. 예를 들면 "but : 그러나~" "because : 왜냐하면~" "finally : 결국은~" 따위의 단어들은 그 뒤에 분명 중요한 단어 또는 내용 등이 올 수 있기 때문이

다. 이렇게 되면 전체적으로 어떤 내용이고 중요한 포인트 정도까지 간파할 수 있다.

3. 이제 다시 10분 정도를 투자해 좀 더 꼼꼼하게 문장을 읽으면서 구체적인 내용까지 파악을 한다. 물론 모르는 단어도 많고 이해가 안 되는 문장도 많다. 그러나 내게 중요한 건 전체지 부분이 아니다. 한 단어가 중요한 게 아니라 한 문장이 중요하다. 또 한 문장보다는 한 문단이 중요하다. 내 리딩의 궁극적인 목적은 원서의 해석이었으니까.

20분 동안 사전 없이 독해를 한 나는 다시 40분 정도를 할애해 사전을 찾아가며 꼼꼼히 정독을 한다. 모르던 단어들은 따로 단어집에 정리도 하면서 말이다. 이렇게 한 본문을 마치면 다음 본문을 같은 방식으로 한 시간 동안 독해했다.

여기서, 독해에서 가장 중요한 스캐닝scanning에 대해 알아보자.

한 편의 글을 보면 그 안에는 분명 가장 중요한 문단이 있고 각 문단에는 가장 중요한 문장이 있을 것이고, 각 문장 속에는 가장 중요한 단어들이 존재한다. 그래서 이런 중요한 단어, 문장, 문단을 찾아내 전체 내용을 유추하는 기술, 이것을 독해의 최고의 기술이라고 한다.

이런 기술을 위해서는 일정 시간을 정해놓고 스캐닝을 해야 한다. 스캐닝이란 본문을 한 문장, 한 단어씩 읽어 내려가는 것이 아니라 눈으로 쭉 훑어 내려가듯 보는 기술을 말한다. 이렇게 스캐닝 기술을 통해 중요하다 싶은 단어들을 체크한 후 그 단어들을 조합해보면 본문에서 글쓴이가 무엇을 얘기하는지 유추된다. 이것이 리딩의 정석이다.

한 가지 예를 들어보자.

"… a great change is occurring in forests scientists are trying to make logging companies stop clear cutting since the world has made an effort to protect wildlife and their national environment, the forest has become very valuable. however, everything certainly changes when all the trees are cut. nature's creatures depend on each other an if a part of the cycle breaks down, the whole system can disappear. recently old trees were being cut before new plants had grown as a result now the logging industry is trying to cut in a different way from the past they are leaving many dead trees to provide habitats for animals as well as shade and shelter."

우선 위의 내용을 1분 안에 스캐닝을 이용해 주요 단어들을 동그라미로 표시한다. 여기서 주요 단어란 자신이 생각하기에 중요하다 싶은 단어를 의미한다. 이제 체크한 단어들만을 보면서 이 글을 통해 글쓴이가 전달하고자 하는 내용을 유추해보자.

- great change – 큰 변화
- stop clear cutting – 완전히 자르는 것을 막는 것
- certainly changes – 특정 노력
- different way – 다른 방법으로
- leaving dead trees to – 죽은 나무를 놓아두는 것

위의 키워드를 대강이라도 조합해보면 "무엇인지 모르겠지만 큰 변화가 일어났는데 그것은 나무를 완전히 자르는 것을 막고 죽은 나무를 놓아두는 것이다." 정도로 요약할 수 있다. 여기서 설령 "logging industry"가 무슨 뜻인지 몰랐다 하더라도 앞뒤 문맥상 나무를 자르는 것과 관계가 있는 산업이므로 '임업' 일 것이라는 추측이 가능하다. 이런 스캐닝을 통해 주요 내용을 간파하고 차분히 다음 단계인 독해로 들어가면 된다. 이것이 바로 리딩의 정석이고 나는 매일 이렇게 A4 4장 분량을 독해해나갔다.

❹ 매일 매일 논문을 쓰다

★ ─ 째깍~ 째깍~

책상 앞 시계 초침은 계속 흐르고 40분 안에 A4 두 장을 채워야 하는 나는 무슨 글을 어떻게 쓰는지 감각이 무뎌진 채 숨 쉴 겨를도 없이 연필을 놀린다. 휴~ 40분이 지나고 물끄러미 내가 쓴 라이팅을 보면서 '내가 지금 무슨 주제로 쓴 거지?' 하는 생각이 든다. 어찌 된 일인지 몇 분 전에 쓴, 그것도 내가 직접 쓴 내용인데 하나도 기억이 나지 않는 것일까.

앞에서도 언급했듯 어릴 적부터 독서를 많이 한 사람들은 논리적으로 글을 잘 쓰고 말도 잘한다. 그것은 라이팅과 스피킹이 100% 모방에서 시작된다는 의미이기도 하다. 남들이 써놓은 좋은 표현이나 단어들을 익히고 그것을 적절하게 쓸 줄 알면 우리가 할 수 있는 최고의 라이팅이 되는 것이다. 그래서 라이팅 관련 표현집이나 관련 용어 사전 등은 매우 중요하다.

내가 당시 준비했던 시험의 라이팅 부분은 40분 안에 250자 분량의 작은 논문 여기서 논문이라 함은 서론, 본론, 결론의 형식을 갖춘 글을 말함 을 쓰는 것이었다. 주제는 매우 다양해서 인간이 태어나서 죽을 때까지의 모든 이슈들이 라이팅의 주제로 나올 수 있다.

우선 나는 실전처럼 40분 안에 250여 자의 글을 써내려갔다. 물론 40분 안에 그 분량을 쓴다는 것이 절대 쉬운 일은 아니었다. 그러나 해야 했다. 그 이유는 결국 유학을 하면서 리포트와 논문을 써야 하니까.

이렇게 헐레벌떡 쓴 초고를 선생님께서는 공포의 빨간펜으로 어색한 표현이나 부분을 표시해주었다. 물론 이 역시, 직접 고쳐주지 말고 틀리거나 어색한 부분에 대해 표시만 해주면 내가 생각해보고 고치겠다는 내 요청 때문이었다. 어쨌든 이렇게 틀린 부분이나 어색한 부분을 중심으로 나는 이미 한 번 써본 글을 다시 써봤다. 그리고 최종적으로 나의 재고 위에 선생님께서는 코멘트와 틀린 부분을 고쳐주셨다.

보통 여기까지가 일반 사람들이 하는 라이팅이다. 하지만 나는 여기서 끝이 아니었다. 붉은색으로 물든 내 라이팅을 바탕으로 다시 정리해 나름 완벽한 최종본 라이팅을 완성한다. 여기에서 멈추지 않는다. 최종본을 나는 세 번 이상 반복해서 썼다.

자기 글을 그 정도로 반복해서 쓴다는 것은 그 글에 관해 거의 암기해서 쓸 수 있을 정도가 된다는 뜻이다. 남의 글 또는 책 속에 있는 완벽한 글들은 3번이 아니라 30번을 반복해도 쉽게 외워지지 않지만, 자신의 글은 다르다. 몇 번만 써봐도 금방 외워지기 때문이다.

내가 이렇게 외우려고 노력하는 이유는 내 스스로 라이팅의 레벨을 높이기 위해서였다. 아주 단순하게 예를 들어보자. 내가 처음 쓴 라이팅의 수준이 100점 만점에 60점이라고 가정해본다. 그리고 그 60점짜리는 선생님의 손길을 거쳐 최소한 80점짜리로 좋아지게 된다. 여기서 선생님이 고쳐준다 해도 절대 100점을 기대해선 안 된다. 왜냐하면 60점짜리가 100점이 되기 위해서는 글 구조 자체가 완전히 뒤바뀌어 마치 남의 글처럼 되어버리기 때문이다.

그냥 내 수준보다 조금 높은 정도를 기대하면 된다. 그렇게 고쳐진 80점짜리 에세이를 거의 암기하다시피 반복해서 써보면 최소한 그 주제에 대해서 내 수준은 80점이 될 수 있다. 이에 혹자는 "선생이 고쳐줬으니 당연하지! 또 다른 거 쓰면 다시 60점으로 떨어질 거 아니야?"라고 말할 수 있다. 물론 선생이 고쳐준 글은 원래의 글보다 나아지기 마련이고 다시 새로운 글을 쓰면 점수는 떨어진다. 그러나 60점짜리 쓰기가 80점이 되고, 그것을 100% 자기 것으로 만드는 과정을 꾸준히 한다면 1장, 10장, 100장, 200장… 어느새 눈높이도 높아지면서 자연스럽게 라이팅 실력도 눈높이를 따라가게 되어 있다.

유학을 떠나기 전에 책들을 정리하는데 책상 한쪽에서 종이 한 뭉치가 발견된 적이 있었다. 얼핏 봐도 상당한 양이었다. A4 기준으로 800장이 넘은 걸로 기억한다. 그렇게 많은 양을 노력해서 썼기 때문에 결국 나는 유학을 갈 수 있었다.

대부분 라이팅이 늘지 않는 이유는 쓰는 양의 문제가 아니라 선생에 의해 업그레이드 된 자신의 에세이를 정작 자신의 것으로 만들지 못하기 때문이다. 그저 글을 쓰고 선생님께 검사받고 대충 한번 훑어보고 또 새로운 글을 쓴다. 쓰는 양이 많으니 조금이라도 라이팅이 늘고 있겠지 하는 생각을 하지만, 틀리는 것을 또 틀리는 반복을 하게 될 뿐이다.

 최고의 라이팅은 스스로 또는 주변인 선생의 도움으로 자신의 글을 업그레이드 시키고 그것을 완전히 자신의 것으로 만드는 반복의 노력, 그것만이 지름길이라는 사실을 명심해야 한다.

❺ 준비된 스피킹만이 살 길이다!

★ — 스피킹은 사람들이 가장 정복하고 싶어 하는 영역이다. 완벽한 스피킹은 어휘, 발음, 문법이 결합하여 이루어진다. 어떤 사람이 원어민처럼 말을 잘한다면 위의 3가지가 완벽한 것이다.

우선 적절한 단어가 계속 나와줘야 하고 원어민처럼 부드러운 발음에 논리 정연한 문법까지, 정말 꿈같은 이야기다. 하지만 방법이 없는 건 아니다. 어쩌면 누구나 다 할 수 있는 것이다. 그리고 여기 방법이 있다. 바로 내가 당시 꾸준히 해왔던 스피킹 공부법인데 지금도 나름 최고의 방법이라 자부하고 있다.

사람들은 스피킹을 상당히 부담스러워한다. 그러나 스피킹만큼 쉽게 공부할 수 있는 영역도 없다. 스피킹은 자신의 의지를 남에게 말로 전달하는 기술이다. 벌써 1년 넘게 영어공부에 매진하고 있는 나였으니 그동안 얼마나 많은 시간을 영어 대화에 힘썼겠는가. 그리고 시간이 지날수록 좀 더 논리 정연하고 멋진 표현을 쓰려는 욕구가 강해진다. 같은 말을 해도 있어 보이는, 똑똑해 보이는 그런 대화를 하고 싶은 것이다.

이런 욕구를 충족하기 위해 노력했던 한 가지 방법이 바로 철저한 준비 후 스피킹을 한다는 것이었다. 선생님을 만나러 가기 전, 나는 그날 선생님이 내게 질문할 내용을 미리 준비했다. 그러나 할 얘기를 모두 마치 대본 짜듯 준비할 수는 없기 때문에 내가 하고 싶은 이야기 중 가장 중요한 키워드를 정리하고, 이 대화에 꼭 필요한 표현이나 사용해야 할 문구 등을 따로 정리한다.

그날도 오후에 선생님과 스피킹 수업을 위해 나는 분주하게 준비를 했다. 그날 주제 중 하나가 공기오염이었다. 그리고 선생님이 다음과 같은 질문을 할 예정이었다.

"If you were the Minister of Transportation, how would you reduce air pollution? 만약에 당신이 교통부 장관이라면 어떻게 공기오염을 줄일 수 있겠는가?"

우선 이 답변에 대한 내 생각을 한글과 영어로 간단히 적어본다.

1. 대중교통 이용 증진 — use public transportation
2. 친환경 자동차를 만듦 — eco-friendly car
3. 자동차 소유주에게 세금을 더 많이 부과함 — impose tax

위의 키워드는 매우 중요하다. 보통 위와 같이 심도 있는 주제에 대해 이야기할 경우는 의도와 달리 자꾸 요지에서 벗어나 삼천포로 빠질 확률이 매우 높다. 꼭 영어가 아니더라도 한참 동안 얘기를 하다보면 자꾸 그 주제를 벗어나게 되는 경우가 많은데, 특히 영어는 더 심하다.

자, 그럼 위의 키워드를 중심으로 관련어를 붙여보자. 대중교통 이용과 증진이라 했으니 동사는 'use, encourage' 정도가 사용된다. 친환경자동차를 만드는 것이니 'make' 그리고 세금부과라는 동사는 'impose'다. 여기까지 보면 말하고 싶은 키워드, 즉 명사와 관련 동사까지 정리를 했다. 이제 정말 꼭 쓰고 싶은 부사나 기타 관용구를 스스로 찾아 넣는다.

누구나 공감하겠지만 '예를 들어'라는 말, 'for example'은 누구나 쉽게 알고 있는, 그리고 절대 잊지 않는 말이다. 그래서 나는 '굳이 이 말을 쓸 필요가 있을까?'라는 생각을 했다.

'그래 이번에는 다른 표현을 써보자!'

사전을 찾아보니 'for instance'와 'such as'라는 말이 있어 꼭 써야 할 말에 추가를 시켰다. 이 외에도 첫 번째 두 번째 세 번째라는 말을 해야 할 텐데, 이 역시도 늘 쓰는 말이니 이번에는 다른 표현을 찾아보았다. 첫 번째는 'first of all', 다음으로는 'next what I want to say', 마지막으로 중요한 것은 'last but not least'로 정리했다.

이제 마지막으로 시제다. 사실 시제는 스피킹을 하면서 가장 많이 틀리는 부분이기도 하다. 과거와 현재, 미래가 왔다 갔다 하니 외국인들이 얼마나 헷갈릴까? 어쨌든 위의 질문이 '네가 만약 장관이라면' 하는 가정법으로 질문을 했기 때문에 대답 역시 그렇게 해야 한다.

어느 문법책이든 가정법 편을 보면 꼭 나오는 예문이 있다.

"If I were a bird, I would fly 내가 만약 새라면 하늘을 날 수 있을 텐데." 여기서 중요한 건 'would'라는 조동사다. 실제로는 일어나지 않고 가정, 즉 '내가 만약 장관이라면 나는 이런 일들을 할 것이다'라는 의미로 쓰는 조동사가 바로 'would'이다. 따라서 여기에도 최소한 동사 앞에는 'would'를 써줘야 한다. 자~ 그럼 모두 정리가 되었다.

1. 내가 하고 싶은 말, 즉 키워드를 적고
2. 키워드와 관련 있는 동사 등 관련어를 적고
3. 꼭 쓰고 싶은 표현들을 찾아 의도적으로 적고
4. 내가 쓰고 싶은 시제를 일관성 있게 정한다.

이렇게 정리가 끝나면 이것을 나는 표로 만들었다.

전체 시제 : 가정법 would

무엇보다도	대중교통이용	증진	such as
first of all	public transportation	encourage	
다음으로	친환경 자동차	제작	for instance
next	eco-friendly car	make	
마지막으로 중요한 것	차 소유주	세금부과	
last but not least	car owner	impose tax	

기타 쓰고 싶은 관용어 또는 단어들 : what I want to do~(내가 하고 싶은 것은), electronic vehicle(전기자동차) 등

이렇게 만들어진 표를 보고 나는 실전 연습을 한다. 옥상에 올라가서 해도 좋고 벽을 보고 해도 좋다. 특히 거울 앞에서 표정을 보며 연습하면 금상첨화다. 반복은 최소한 10번 이상 했다. 거의 외울 정도로 말이다.

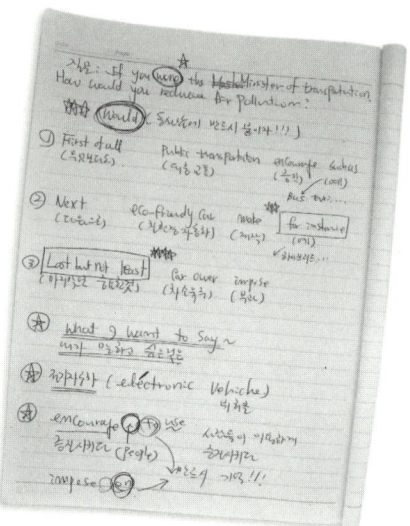

| 스피킹을 위한 brain storming 노트 |

질문자 : If you were the Minister of Transportation, how would you reduce air pollution? 당신이 만약 교통부장관이라면 공기오염을 어떻게 줄이겠습니까?

쏭 : If I were a Minister… umm well~
first of all, I would encourage people use public transportation, such as taxi, buses and subway. next what I want to do is make eco-friendly car for instance electronic vehicle. last but not least, I would impose car owner more tax. 음… 제가 만약 교통부장관이라면… 먼저 택시나 버스, 지하철 같은 대중교통을 이용하도록 장려할 것

이고, 다음으로는 전기자동차 같은 친환경 교통수단을 만들 것입니다. 그리고 마지막으로 운전자들에게 보다 많은 세금을 부과할 것입니다.

"꼭 이렇게까지 준비를 해야 해? 즉석에서 즉흥적으로 대답하는 그런 능력도 필요하지 않나?"라고 반문할 수도 있다. 물론 중요하다. 하지만 그것은 어느 정도 영어의 틀이 잡힌 상태에서 해도 무방하다. 그럼 왜 이런 준비가 중요할까?

우리가 스피킹을 할 때 부딪히는 첫 번째 문제는 무엇일까?

바로 논리 정연함이다. 말을 잘하는 사람들은 자신의 생각을 정리하면서 말을 한다. 즉, 어떤 주제로 얘기를 하다 왠지 삼천포로 빠지는 듯하나, 그럴 때면 늘 다시 돌아와 원래 하고 싶은 이야기를 이어간다.

이와는 반대로 정말 짜증나게 하는 사람도 있다. 예를 들어보자.

"가족들은 뭘 하셔?"

"응, 우리 아빠는 직업이 공무원인데 공무원은 주말에 쉬어. 그런데 주말에 사람들이 공원에 너무 많아서 쓰레기가 많아. 쓰레기는 지구온난화의 주범이잖아. 지구온난화 때문에 정말 걱정이야."

가족에서 시작된 얘기가 지구온난화라는 엉뚱한 주제로 넘어가고 있다. 이렇게 되면 듣는 사람도 서서히 짜증이 난다. 영어 대화도 마찬가지다. 그러나 자신이 해야 할 얘기가 정확히 정해져 있으면, 그 안에서 이야기가 이루어지기 때문에 대화 자체가 깔끔하면서도 논리 정연해 보일 수 있다.

두 번째 이유는 단어로부터의 해방이다. 스피킹에 있어 가장 큰 적은 적절히 떠오르지 않는 단어들이다. 원래 어휘의 사용 정도는 영역별로 달라진다. '이미 머릿속에 들어 있는 단어들이 어떻게 상황에 따라 달라져?' 라고 생각할 수도 있지만, 잘 생각해보면 맞는 말이다.

우리가 가장 쉽게 영어단어를 익힐 수 있는 방법은 읽기이다. 단어를 보면서 외우기 때문이다. 그런데 읽기를 할 때 자신의 어휘력이 1000단어라면 그것이 쓰기로 넘어가면 500단어 이상으로 줄어든다. 즉, 쓰기 영역에서는 실제 생각나 쓸 수 있는 단어의 범위가 많이 줄어든다는 얘기다. 이런 어휘력은 말하기 영역에서는 더 줄어들어 250단어도 되지 않고, 리스닝에서는 더욱 심해진다. 그래서 우리는 "이상해, 외국인하고 대화만 하면 단어가 생각이 안 나~!"라고 토로한다.

사실 적절한 단어만 생각난다면 완전한 자유 토론도 가능할 것이다. 상황이 이러니 앞의 표처럼 관련 단어들을 미리 만들어놓고 사용을 해서 이런 고민이 완전히 사라지게 된다면 우리가 그토록 고민하는 어휘 문제는 완전히 해결되고 최소한 자신이 하고 싶은 말을 맘껏 할 수 있는 것이다.

세 번째 이유는 문법이 해결된다. 스피킹을 공부하면서 선생님께 가장 많이 지적받은 문법이 바로 시제였다. 한창 열공할 당시 "지난 휴가 어땠어? 그리고 이번엔 어디가?"라는 상대방의 질문에 "어~ 지난여름에 난 엄마 아빠와 남해에 *간다*. 이번 휴가 때는 집에서 그냥 *쉰다*"라고 답했다고 가정해보자.

마치 바보가 얘기하는 것 같다. 지난여름이면 과거인데 동사는 현재형을 쓰고 있고, 이번 휴가는 미래형인데 역시 현재형을 쓰고 있다. 이는 비단 내 경우만이 아니다. 대부분의 학생들이 한번쯤 경험한 내용일 것이다. 그만큼 대화 속 시제는 어렵다.

그런데 이런 초딩 영문법 수준의 시제를 왜 이리 틀릴까? 그것은 마음에 여유가 없어서이다. 단어 만들기 바쁘고 생각하기 바쁘니 내가 지금 현재형을 쓰는지 뭘 쓰는지 정신이 없는 것이다. 그런데 내가 써야 할 시제를 미리 정해놓고 표시해 둔다면 위의 예처럼 과거와 현재를 왔다 갔다 하는 실수는 범하지 않을 것이다.

나는 항상 옥상에 올라가 큰 소리로 내가 정리한 스피킹 표를 보고 떠들어댔다.

옥상에 올라가면 한 일이 또 하나 있다. 그것은 내가 쓰고 선생이 지적해준 어느 정도 완성된 라이팅을 보면서 연설을 하는 것이다. 이는 정말 도움이 많이 되었던 방법인데, 첫 번째는 내가 쓴 라이팅을 큰 소리로 읽음으로써 자연스레 괜찮은 라이팅 괜찮다는 것은 선생님에 의해 체크된 어느 정도 검증된 라이팅을 말한다을 익힐 수 있고, 내가 직접 쓴 라이팅이 좋은 스피킹의 대본이 되었다는 점이다. 다시 말해, 내가 익숙하지 않은 남이 쓴 글을 연설문으로 읽는다면 말 그대로 읽기에 바빴을 것이다. 그러나 이미 익숙한 내 글이기 때문에 너무나 자연스럽게 스피킹의 대본이 되었고, 이는 스피킹 연습을 위한 좋은 자료가 되었다.

한 손에는 대본을 들고 한 손은 연설을 하듯 움직인다.

"Ladies and gentleman~! thank you very much, my name is ssong~! today, I am telling about 'going to study in a foreign country'… first~! there is no doubt that oversea study is very important… 신사 숙녀 여러분! 감사합니다. 제 이름은 쏭입니다. 오늘 저는 외국에 나가서 공부를 하는 것에 대해 말하고자 합니다. 먼저 유학이 중요하다 것은 두 말할 나위가 없습니다…"

이렇게 대본을 한두 시간 떠들면 내 스스로가 대견해진다. 땀 흘리며 액션을 취하는 데서 오는 만족감도 있고, 또 이런 분위기에서 맘껏 외치면 스피킹이 실제로도 많이 향상된다.

저녁식사를 마치고 수업 장소에 도착하면 30분간 그날 쓴 라이팅을 선생님께 건네고 전날 라이팅을 선생님께 받는다. 물론 빨간펜 천지다. 얼마나 많은 부분이 틀렸으면 내 글씨보다 빨간펜이 더 많다. 간단하게 틀린 부분에 대한 설명을 들은 후 바로 스피킹 시간으로 들어간다.

엄밀히 말하면 스피킹 수업이라기보다 오디션이란 표현이 더 맞을지 모르겠다. 리허설은 옥상에서 한참을 했으니 말이다. 선생님은 내가 리허설한 질문지를 갖고 계셨다. 짜고 치는 고스톱(?)이라고나 할까? 이제 녹음기를 켠다.

녹음기는 스피킹 연습에 완전 필수품이다. 자신의 목소리를 녹음해서 듣고 문제점을 발견하는 것. 그것만 해도 본인의 스피킹 능력은 수십 배 향상시킬 수 있다.

사람들은 외국인과 영어로 대화를 하면 그 자체로 만족을 하는 경향이 있다. 그래서 마치 그만큼 자신의 영어가 향상된다는 착각에 빠진다. 정작 대화 중 틀리는 수많은 실수들은 망각한 채 말이다. 이런 사람들은 보통 "난 영어에 자질이 없나봐. 원어민이랑 매일 2시간씩 연습을 해도 늘 똑같아"라는 푸념을 한다.

하지만 이는 당연한 결과다. 아무런 준비 없이 그냥 떠들어대니 처음에는 왠지 공부를 한 듯싶으나 금세 한계가 드러나고, 그걸 느낄 때부터 정체된 영어가 나오고, 결국엔 영어에 대한 소질 얘기가 나오는 것이다.

라이팅과 스피킹을 비교해보면 처음에는 스피킹이 더 빨리 느는 것 같지만, 나중엔 라이팅이 훨씬 빠른 향상을 보인다. 왜냐면 라이팅은 틀린 게 보이기 때문이다. 그걸 어떻게 고치느냐 하는 것은 둘째 문제고, 일단 실수가 보이니 한 번이라도 더 생각하게 되지만 스피킹은 다시 돌릴 수가 없다. 설령 어떤 실수를 했다 하더라도 이미 공기 중에 말은 사라진 후니 흔적이 남질 않는다. 그 흔적을 남기고 자신을 돌아볼 수 있게, 그리고 다시 한 번 고칠 수 있게 해주는 것이 바로 녹음이다.

녹음기를 옆에 두고, 바로 앞에는 내가 오후에 만든 스피킹 표를 둔다. 외워서 하면 좋겠지만 그렇게 하면 내 머리는 온전치 못할 것이다. 내가 표를 만들고 그걸 보면서 선생과 대화하는 것도 수련의 과정이니 굳이 그걸 감추고 할 필요도 없다. 이제, 선생님이 질문을 한다.

"Ssong~ today, global warming should be the most important issue, how do you think of it? I mean… ok… if you were the Minister of Transportation,… how would you reduce…? 쏭~ 오늘날, 지구온난화 문제가 매우 중요한 이슈가 되고 있는데 어떻게 생각해요? 음, 만약 당신이 교통부 장관이라면 어떻게…?"

이미 예상한 질문에 나는 자신 있게 대답한다.

"Oh, that's good question~! well, if I were the Minister of Transportation… 아주 좋은 질문이군요! 내가 만약 교통부장관이라면…"

내 목소리는 녹음이 되고 있고, 나의 시선은 선생님과 바로 앞에 있는 교재를 번갈아 보면서 마치 진짜 오디션을 보듯 최선을 다한다. 그렇게 녹음이 끝나면 나와 선생님은 녹음한 내용을 모니터링 한다.

"Oh! No…!!!!"

이 세상에서 가장 느끼하고 듣기 싫은 소리는 바로 자기 목소리를 듣는 것~! 그러나 영어를 정복해야 하겠기에 꾹 참고 들어야만 했다. 어쨌든 녹음된 내 대답을 듣다 보면 너무나 자명하게 실수들이 들린다. 문법적 오류, 발음의 오류, 표현의 오류 등등.

나는 이 모든 것들을 적는다. 한 마디 더 하는 것보다, 한 마디 한 것을 한 번 더 듣는 것이 얼마나 중요한지 뼈저리게 느낀다. 그리고 처음 오류를 바탕으로 한 번 더 녹음 없이 선생 앞에서 연습을 한 후 다시 녹음을 한다. 물론 처음 녹음한 것보다 훨씬 좋아졌다. 바로 내 스피킹이 한 단계 업그레이드 되는 순간이다.

하루 일과를 이렇게 보내고 나면 정말 피곤하다. 하지만 그렇다고 그냥 쉴 수는 없는 법. 그때부터는 오전에 들었던 리스닝 교재 테잎을 크게 틀어놓고 인터넷도 확인하고 나름 자유의 시간을 갖는다. 그런데 정말 놀라운 것은 오전에 공부했던 리스닝을 저녁에 다시 들으면 너무 잘 들린다는 사실이다. 마치 영어가 내 모국어가 된 듯한 느낌…. 물론 당연한 결과일 수도 있다. 이미 오전에 스크립트를 보면서 여러 번 청취한 내용이니 말이다. 그러나 12시간 이상 지난 후, 그것도 스크립트 없이 듣는데도 잘 들린다는 것은 매우 중요한 일이다. 일단 기분이 너무 좋으니까.

12시쯤 나는 잠자리에 든다. 당연히 그냥 잘 내가 아니다. BBC방송을 크게 틀어놓고 잔다. 영어공부를 하면서 내게는 습관이 하나 생졌다. 잠잘 때 반드시 영어방송을 틀어놓고 잔다는 것이다. 그 습관은 지금까지도 이어지고 있는데, 영어방송을 틀어놓고 잠이 들면 꿈속에서 혼자 영어를 해석하고 있다.

고급 영어 정복기의 하루 일과

오전	6시~7시	기상 및 자습	단어암기 등
	7시~8시	아침식사	
	8시~12시	아침공부	리스닝 및 리딩
오후	12시~1시	점심식사	최대한 빨리 먹고 잠시 낮잠
	1시~2시	오후공부	혼자만의 연설시간(도서관 옥상)
	2시~6시		라이팅 및 스피킹
저녁	5시~6시	저녁식사	식사 후 잠시 휴식
	6시~7시	저녁자습	1:1 수업 준비
	7시30분~9시	저녁수업	선생님과 함께하는 1:1 수업
밤	10시~12시	밤 자습	리스닝, 단어 암기하기

다니던 직장을 그만두고, 주변인들의 만류에도 불구하고 영어공부에 도전한 지 1년 7개월이 지났다. 하루에도 몇 번씩

후회와 도전을 반복했던, 하루도 마음 편하게 지낸 적이 없었던 시간이었다.

이 세상에는 "아~ 하지 말걸"과 "아~ 할걸"이라는 두 가지의 후회가 존재한다. 결국 둘 다 후회이긴 하지만 나는 전자를 훨씬 좋아한다. 속된말로 '에잇, 저지르고 보자!'다. 비록 그것이 '아~ 하지 말걸'이란 후회로 남는다 할지라도 최소한 해보았으니 그래도 덜 후회가 아닐까? 다행인 것은 영어공부에 도전한 지난 1년 반의 세월에 나는 전혀 후회를 하지 않았다는 점이다.

지난 7개월을 한마디로 표현한다면 '성숙'이다. '내 영어가 이렇게 늘어가는구나!' 하는 기분이 느껴지는 기간이기도 했다. 그것은 언제부터인지 생겨나는 욕심 때문이었다. 영어를 시작할 때는 내 자신이 한국어가 아닌 영어를 공부하고 말을 하는 게 그저 신기했고, 시간이 지나면서는 외국인들과 대화를 하는 게 스스로 대견했다. 그리고 시간이 더 지나면서 외국인과 대화를 하긴 하는데 어떻게 논리 정연하게 말을 할까? 한 줄의 글을 써도 어떻게 멋지게 쓸까? 하는 욕심이 생겨났다. 이런 욕심이 생긴다는 것은 자꾸 눈이 높아진다는 뜻이고, 눈이 높아지는 이유는 그만큼 많은 공부를 하고 있기 때문이다. 이러한 욕심을 채우고자 열공한 시기가 마지막 7개월이었다.

불과 2년 전, "…헬 헬 헬로우…"라며 수화기를 붙잡고 땀 흘리던 내가 이제 완벽하진 못하지만 지하철에서 영자 신문을 읽는다. 그리고 100% 이해하진 못하지만 최소한 CNN에서 어떤 내용을 방영하는지 감을 잡을 수 있다.

외국인을 만나면 자기소개를 넘어, 왜 지구온난화가 문제고 어떻게 해결해야 하는지에 대해 토론을 할 수 있다. 노인문제가 심각한데 그게 왜 정부의 책임인지, 내 의견을 글로 쓸 수도 있다. 이런 성장의 배경에는 대단한 영어 환경도, 능력 있는 강사도, 잘 팔리는 교재도 아니었다. 오직 미친 듯 열심히 공부한 인내 때문이었다.

이런 노력의 대가인지, 아니면 하늘이 행운을 주신 건지, 나는 영국 런던의 한 대학원에 입학을 할 수 있었다. 드디어 꿈에 그리던 유학의 길을 떠나는 것이었다. 입학허가증을 받아든 그 순간은 내 인생에서 가장 가슴 벅차고 내 자신이 자랑스러웠던 순간이었다.

PART 6

영국 유학생이 된
쏭선생

★── 영국 히드로 공항에 도착한 시간은 오후 8시가 넘어서였다. 공항을 빠져나오자 밖은 이미 컴컴해진 뒤였다. 내가 가기로 한 홈스테이를 찾아가기 위해 지하철역으로

갔다. 런던의 지하철은 정말 복잡해 보였다. 어쩔 수 없이 도움을 청하기 위해 역무원에게 길을 물었다.

"Excuse me, I would like to go…"

내 영어를 곰곰이 듣던 역무원의 첫마디.

"Sorry? 뭐라고요?"

영어공부를 하면서 가장 비참할 때가 언제냐고 묻는다면 나는 가차 없이 이 순간을 말할 것이다. 내가 상대방 말을 이해 못하는 것이야 워낙 익숙하니 이제 더 이상 창피할 것도 없다. 하지만 내가 한 단순한 영어를 원어민이 이해 못한다는 것. 당해보지 않은 사람은 모르리라. 그렇게 공부를 했건만, 아! 이 절망감~!

나는 손가락으로 내가 가고자 하는 역을 지목했다. 그제서야 웃으면서 그는 대답을 했다.

"All right~ #$%·&$#~"

그는 나에게 무엇인가 열심히 설명하고 있었다. 그런데 지금도 정말 의문이다. 나는 그 순간 역무원이 영국인이 아니라고 생각했다. 아마도 그때 나에게 뭔가를 설명해주는 그의 언어가 영어가 아니라

고 생각을 했던 모양이다.

너무 말이 빠르고 익숙하지 않은 억양인지라 나도 모르게 그에게 한 말은 "Can you speak in English?"였다. 후후. 그 양반, 얼마나 황당했을까? 마치 인천공항에서 일하는 한국 직원에게 외국인이 "실례지만 한국말 할 줄 아세요?"라고 물어본 꼴이 되었으니.

지금은 작은 에피소드처럼 말할 수 있지만 당시 나에게는 큰 충격이었다. 1년 반을 넘게 하루도 영어공부를 안 한 적이 없고, 온 힘과 열정을 받쳐 노력한 결과 드디어 영어의 본고장인 영국에 도착한 첫 날, 내 영어를 영국 사람이 못 알아들었다는 것과 토종 영국인의 그 간단한 영어를 이해하지 못했다는 것, 이 심정을 누가 이해할까? 마치 하늘이 무너지는 기분이었다.

그런 일이 있은 뒤 한 달여 동안 나는 왠지 모를 대인기피증 같은 것이 생겼다. 영국에 오기 전, 7개월간 영국 교재로 영국식 영어를 공부했는데도 불구하고 실제 영국인들과의 대화는 생각만큼 쉽지 않았다. 때로는 이해를 하지 못해 종이에 써달라고까지 했으니 말이다.

입학하기 전까지 한 달간 내가 머물렀던 홈스테이는 불행(?)하게도 모두 남자들만 있었다. 나 이외에 이탈리아 학생과 멕시코 학생 그리고 주인아저씨와 주인 할아버지, 심지어 그 집에서 기르는 고양이와 개도 수컷이었다.^^;

그날도 나는 거실에서 책을 읽고 있었다. 그때 갑자기 주인 할아버지가 내 룸메이트 이탈리아 친구에 대해 물어보는 것이다.

"헤지 곤투베?"

'잉…?'

나는 다시 물어 보았다.

"Bag your pardon? 죄송하지만 다시 한 번 말씀해 주시겠어요?"

주인 할아버지는 여전히 같은 말투로,

"헤지 곤투베?"

나는 속으로 '이 영감님, 도대체 무슨 말이지?' 그리고 다시,

"I bag your pardon, sorry, can you say that again? come again. 정말 죄송한데요, 다시 한 번 말씀해 주시겠어요?"

아마도 내가 아는 "다시 한 번 말씀해주세요"라는 표현은 모두 쓴

듯하다.

도저히 이런 나와 대화가 안 될 것 같으셨는지 주인 할아버지는 조용히 연필과 종이를 갖고 와 이렇게 쓰셨다.

'Has he gone to bed?'

'헉~! 이렇게 쉬운 말을?'

'go to bed'는 '잠들다'라는 뜻으로, 어느 시점에서 지금까지 이어지는 동작을 현재완료라고 하며 'have+과거분사'로 사용한다. 그런데 이 현재완료는 우리나라 시제에선 존재하지 않아 좀 혼란스럽다.

할아버지는 내 룸메이트가 과거 어느 시점에서부터 지금까지 잠을 자고 있는가 하는 뜻으로 'Has he gone to bed?'라고 했고, 나는 이에 "Yes, he has." 또는 "No he hasn't."라고 대답을 하면 된다. 그러나 결국은 그 간단한 말을 못 알아듣고 이런 수모를 겪고 말았다. 주인 할아버지의 묘한 표정은 마치 '어이 쏭? 자네 정말 대학원생 맞아?' 하는 느낌이었다.

그리고 며칠 후, 나는 런던 관광을 떠났다. 워낙 국제적인 도시라 그런지 런던에는 런던 시민 반 관광객 반이었다. 그만큼 관광객 수가 많았다.

나는 지도를 들고 대영박물관을 찾았다. 세계에서 가장 큰 박물관이라는데 한번 구경은 해야지. 그런데 박물관을 찾아가던 중 나는 약간 애매한 길로 접어들고 말았다. '이상하다. 분명히 맞는데?' 그때 바로 옆에 한 아저씨가 오토바이를 타고 앉아 있는 것이 보였다. 나는 조심스럽게 접근해 지도를 들이대며 물어보았다.

"Excuse me, I'm looking for the British museum… how can I……? 실례합니다만, 대영박물관을 가려고 하는데요, 어떻게 가야…?"

지금까지의 경험상 왠지 못 알아들을 것 같은 느낌이 들어 매우 또박또박 천천히 질문을 했다. 내 말을 알아들었는지 그분은 헬멧을 벗고 지도 쪽으로 손가락질을 하더니,

"롸잇~! 위아~히야~~! 이프유 고데~ $@#$%·&"

'헉! 이건 또 무슨 말인가?'

나는 썩은 미소를 지으면서,

"Sorry?"

그분은 여전히 "위아 히야 이프유 고데~ $@#$%·&"를 외치기 시작했다.

'히야~? 히야는 그룹 부활의 노래고, 미장원도 아닌데 무슨 고데???'

잠시 후, 그분은 헬멧을 쓰더니 오토바이에 시동을 걸고 가려 했다.

'헉, 나 영어공부한 놈 맞아? 도대체 뭐야. 이건.'

그냥 가려나 싶었는데 갑자기 그는 나보고 타라는 시늉을 했다.

그리고는 부웅~ 불과 1분도 안 돼 코너를 도니 대영박물관이 나왔다. 나는 그저 "땡큐 땡큐"를 연발할 뿐….

나를 데려다 주고 벌써 저 멀리 떠나 있는 그의 뒷모습을 나는 멍하니 바라보고 있었다. 그러면서 여전히 입에선 "땡큐 땡큐…"

지금 생각해보면 그가 한 말은 "Right~ We are here, if you go there…"란 말이었던 것 같다. 영국인들은 'r' 발음을 미국인처럼 굴리지 않으니, '히얼'이 아니라 '히야', '데얼'이 아니라 '데~'로 들리는 것이다.

'아이구 이게 웬일이야, 낼모레면 대학원 강의가 시작되는데 이 무슨 좌절이란 말인가. 왜 안 들리지? 그렇게 테잎을 듣고 방송을 보고 단어를 외웠건만… 이런 것도 못 듣는 주제에 내가 감히 어찌 강의를 들을 수 있을까?'

영어를 한답시고 죽도록 공부한 지난 1년 7개월의 시간이 부질없이 느껴지는 순간이었다. 한숨만 나왔다. 사람 만나기도 싫어지고 하고 싶은 말이 있어도 상대방이 못 알아들을까봐 소심해져 최대한 간단하게 얘기하게 되고, 그러다 보니 할 수 있는 말도 못하게 되었다.

자신감이 상실되면 자신감만 잃는 게 아니다. 충분히 할 수 있는 것도 자꾸 잊어버리고 안 쓰게 되어 마치 영어 실력이 줄어드는 듯한 느낌을 받는 것도 이 때문이다.

그러나 이런 내 걱정은 한 달이 지나고 입학할 때가 다가오니 조금씩 사라지기 시작했다. 정말 신기하게 말이다. 런던에 도착해 하루, 일주일, 한 달이 지나가니 내 귀는 조금씩 영국식 악센트에 익숙해지기 시작했고, 처음에 들리지 않았던 것들이 신기하게도 조금씩 들리기 시작한 것이다.

어떻게 이런 현상이 일어날 수 있었을까? 그것은 이미 내 머릿속에 어느 정도 영어가 들어 있기 때문에 가능했다. 문제는 도저히 못 알아듣던 말을 적어서 보니 내가 이미 아는 문장들이었다는 것이다. 단지 그들의 말을 쉽게 알아듣지 못한 이유는 그들의 말, 즉 문장을 몰라서 그런 것이 아니라 그들의 억양과 스피드, 환경 실제 대화와 리스닝 교재 속의 환경이 다르기 때문 등이 내게 익숙하지 않아서라는 사실을 알게 되었다. 그러니 시간이 가고 사람들을 만나며 조금씩 그들만의 억양에 익숙해지고 나도 모르게 그 억양을 따라하게 되고 자연스레 그들의 억양이 들리게 된 것이다.

영어를 사용할 수 있는 과정을 보자.

영어는 크게 집어넣는 과정, 즉 습득하는 과정과 나오는 과정, 즉 표현하는 과정이 있다. 오감을 통해 머릿속으로 넣는 과정을 우리는 영어공부 한다고 말한다.

런던에 도착할 당시 내 영어는 많은 공부 양과 시간으로 웬만한 영어는 거의 익숙한 상태였다. 이 말은 내 머릿속에 이미 많은 영어가 들어 있다는 뜻이다. 이렇게 많은 영어가 들어 있지만 익숙지 않은 외부 환경 영국인의 강세, 억양 등 때문에 쉽게 나올 수 없었던 것이다. 이런 경험은 토익, 토플 등 시험 고득점자나 공부를 잘하는 사람들이

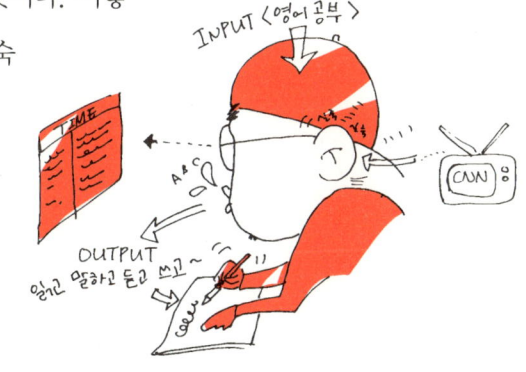

외국에 나가서 처음에는 방황하고 힘들어 해도 시간이 조금만 지나 적응이 되면 엄청난 속도로 영어가 향상되는 것과 같다.

★ ― **입학을 했다.** 드디어 꿈에 그리던 유학생이 된 것이다. 오리엔테이션 시간이었다. 생각보다 많은 신입생들이 이미 교실에 와 있었다. 얼추 40여 명이 되었는데 각각  다른 전공자들이었다. 내 전공인 아트 매니지먼트Art management뿐만 아니라 다양한 계열의 학과 입학생들이 모두 모인 듯했다.

그중 동양인은 나를 포함해 타이완, 중국 학생들 몇 명 정도였다. 영국인을 비롯해 프랑스, 네덜란드, 그리스, 미국 등 다양한 인종, 다양한 나라에서 온 유학생들이 한 곳에 모인 것이다.

첫날에는 가운데에 앉은 교수님을 중심으로 신입생들이 빙 둘러앉아 자기소개를 했다. 너무나 당연한 이야기지만 다들 영어를 정말 잘했다. 그리고 대학원이라 그런지 나이도 경력도 매우 다양했다. 국립미술관 큐레이터도 있고, 화가도 있었다. 그리고 나이 50이 넘은 아저씨부터 이제 갓 대학을 졸업한 풋내기도 있었다.

한 명 한 명 소개를 하고 드디어 내 차례가 되었다. 나는 교수님을 향해 그리고 학생들을 향해 90도로 인사를 했다. 갑작스런 인사에 그들은 재미있고 신기하다는 듯 폭소로 대답했다.

"저는 송용진이라고 합니다. 만나서 반갑습니다. 저는 미술을 전공했고 내 꿈은 작은 박물관을 하나 만드는 것입니다. 그래서 이곳에서 열심히 공부를 할 생각입니다. 저는 한 가지만 빼놓고 완벽한 학생입니다. 그건 바로 영어입니다. 그러니 많이 도와주세요."

이어지는 박장대소~. 보통은 여기서 마무리를 한다. 그러나 나는 계속 마이크를 잡고 있었다.

"참, 여러분들~! 저는 대한민국에서 왔습니다. 여러분들은 대한민국을 아십니까? 대한민국은 한국전쟁으로 알려진 세상에서 가장 가난한 나라였습니다. 그런 한국이 여러분들이 쓰고 계신 핸드폰을 만들고 바로 지난 한일 월드컵을 개최했으며 4강까지 올랐습니다그 당시는 2002월드컵이 바로 끝난 뒤였음. 참, 이탈리아나 포르투갈 분들은 경기에 대해서 할 말이 많으시겠지만 우리 대한민국은 경기에서 분명 이겼습니다."

여기저기서 터지는 웃음소리. 무슨 용기가 났는지 나는 또박또박 차분하게 내 소개를 했다.

이렇게 인사를 마치고 신입생들은 학교 투어에 나섰다. 드라마나 유학원 팸플릿에서 보던 캠퍼스 전경들이 내 눈앞에 펼쳐졌다. 맑고 파란 런던의 가을 하늘 아래 넓은 잔디밭. 그곳에 앉아 대화를 나누는 학생들, 고풍스러운 건물들 그리고 그 사이를 자전거를 타고 다니는 사람들까지.

'와~ 내가 꿈꾸던 바로 그곳을 이렇게 걷고 있다니~!'

마냥 신기할 따름이었다. 영어 때문에 망신을 당했던 그 유학원에서 봤던 팸플릿 사진 그대로였다.

우리는 계속해서 강의실, 도서관 그리고 강당, 매점 등을 차례로 둘

내가 그렇게 꿈꾸던 캠퍼스 풍경. 입학한 뒤 가장 먼저 한 일은 저 잔디밭에 앉아 하늘을 바라보는 것이었다.

러보았다. 그리고 바로 "치즈 앤 와인" 파티가 있었다. 파티라고 하기엔 좀 거창하고, 간식을 먹으면서 서로 친분을 쌓는 시간이었다. 교수들뿐만 아니라 학교 인근 박물관 관장 또 지역 문화센터 소장도 와서 신입생들을 반겨주고, 한쪽에는 와인이, 다른 쪽 작은 탁자에는 생전 보지도 못한 갖가지 치즈와 과일들이 종류별로 놓여 있었다. 그 자리에서 나는 많은 얘기를 나누었다. 각국에서 온 학생들의 영어를 100% 이해할 수는 없었지만 눈치가 백단이라 표정과 제스처로 다양하게 이야기하며 유학생으로서의 첫날은 그렇게 와인향과 함께 저물어갔다.

❸ 영어 수업, 키워드를 캐치하라!

★― 수업 참여는 나름 순조롭게 진행되었다. 내가 걱정했던 리스닝 부분은 다행히 파워포인트를 이용해 어느 정도 정리된 내용을 스크린에 비춰가며 수업이 진행되기 때문에 중간에 잠시 딴 생각을 해도 화면의 요약본을 보면서 쫓아갈 수 있었다. 물론 그렇다고 해서 100% 모두 이해가 되는 건 아니었다. 단지 중간 중간 키워드를 들으면서 연상하고 속된말로 찍어가며 듣는 것이기 때문에 실제로 들리는 것은 60% 수준일 것이다.

이렇게 언급하니 왠지 리스닝이 어려워 보이지만, 이런 리스닝에 대한 경험은 누구나 다 가지고 있다. 한 가지 예를 들어보자.

리스닝이란 경험이 매우 중요하다. 부엌에서 어머니가 열심히 요리를 하며 거실에 있는 TV뉴스를 듣는다. 국 끓는 소리에 탁탁탁 당근 써는 소리까지, 주변의 온갖 잡음에도 불구하고 뉴스를 들으면서 당신 혼자 "하여간 나라가 어찌 되려고 정치인들… 문제야 문제…" 라며 중얼거리시는 모습은 어느 가정에서나 볼 수 있는 장면이다. 정말 대단하다. 자신의 일을 하면서 주변의 잡음에도 뉴스의 모든 것을 캐치해 비평까지 하시니 말이다.

이런 어머니들의 능력을 잘 보면 뉴스의 모든 내용을 다 듣는 것이 아니라 뉴스의 주요 단어, 키워드를 찾아 듣고 그 단어들과 관련된 문장들을 순식간에 연관지어 나름 의미를 파악하고 계신다는 것을 알 수 있다.

　최소한 100단어 이상의 단어가 나열되는 1분짜리 기사를 들으며 정작 캐치한 단어는 '검찰, 정치인, 징역, 거부' 정도밖에 안 된다. 하지만 이들 단어들을 이용해 지금껏 살아온 당신의 경험을 바탕으로 나름 머릿속에서 기사를 짜맞추는 것이다.

　이것이 가능한 이유는 당신이 지금까지 수많은 뉴스를 들어봤기 때문이다. 방금 언급한 예와 유학생이 수업을 듣는 것은 별반 차이가 없다.

　〈아트 마케팅〉 첫 시간이었다. 교수는 이런 얘기로 수업을 시작했다.

> "Next… definition of museum marketing…… marketing is about matching the museum's product with the market, taking into account the museum's resources. it also requires an understanding of the environmental issues that may impact on any of these factors: the public, the museum's product, and the museum's resources…"

　영어를 한다고 해도 교수의 이 말이 쉽게 들리지는 않는다. 하지만 나는 들을 수 있었다. 왜냐하면 일단 주제가 'art marketing', 특히 'museum marketing'이라는 사실을 알고 있기 때문이다. 그렇다면 당연히 관련 단어는 그쪽일 것이고, 더군다나 처음 언급할 때 'definition'이란 단어가 나왔다는 것은 마케팅의 정의에 대해 얘기를 한다는 뜻이다. 나는 이렇게 주제와 제목을 듣고 강의 내용을 예상한다이건 매우 중요하다. 그 다음에도 계속되는 그 교수의 말들 중 내가 들을 수 있는 단어들을 재빠르게 캐치한다.

- matching – 그 다음에 뭔가 두 개를 매칭시키겠군.
- product with market – 생산품과 시장이군.
- require – 뭔가를 요구하는데?
- environmental issues – 환경적인 이슈가.
- impact – 음, 어떤 것에 영향을 미친다는 말인데
- public, ⋯ museum resources – 그게 대중, 박물관 자원들 등이구나.

이렇게 들리는 몇 개의 단어들을 이용해 스스로 시나리오를 만들어 듣는 것이 영어 수업 듣기인 것이다. 그럼, 이런 능력은 하루아침에 나올까? 물론 아니다. 꾸준히 리스닝 교재를 듣고 반복해 익숙해질 때 가능하다. 다시 한 번 강조하지만 리스닝은 들리는 문장을 모두 알아야 들을 수 있는 것이 절대 아니라는 사실을 명심하자.

★── 한창 영어공부를 할 당시, 나는 당연히 유학을 가서 가장 힘들게 부딪힐 것이 말하기와 듣기라고 생각했다. 못 알아듣고 못 말하니 어떻게 공부를 할 수 있겠는가. 그건

④ 리딩에 발목을 잡히다

누가 봐도 그랬다. 하지만 막상 유학생으로 공부를 하다 보니 결국 내 발목을 잡는 것은 말하기도 듣기도 쓰기도 아닌 읽기였다.

그럼 내가 읽기를 못해서 그런 것일까? 물론 아니다. 유학생활 중에 어느 누구도 사전을 못 보게 하는 리딩을 강요하지는 않았다. 토익이나 토플처럼 엄청난 스트레스를 받으며 제한된 시간 안에 읽어야 되는 것도 아니다. 사전도 있고 시간적 여유도 있다. 그럼 무엇이 문제인가? 문제는 유학생활을 하면서 모든 이론적 지식은 교수의 입을 통해 듣는 리스닝뿐만 아니라 수많은 레퍼런스 reference, 즉 참고문헌을 통해 얻어야 한다는 데 있었다.

수업이 시작되면 교수는 엄청난 양의 유인물을 나누어주는데 학생들은 그것을 모두 읽어야 한다. 더 무서운 것은 유인물 맨 뒷장에 참고문헌 리스트가 있다는 것이다. 참고문헌은 잡지, 책, 인터넷, 논문 등 매우 다양했다. 이 모든 매체를 찾아 관련 글을 읽어야 하니 이게 어디 보통 일인가? 한글로 읽어도 만만치 않은 양인데 말이다.

그렇다고 하루 종일 읽기만 할 수도 없는 노릇이고, 설령 읽는 시간이 있다 해도 옛날처럼 독해 공부하듯 사전 찾아가며 한 자 한 자 읽

을 수도 없다. 결국 이런 것들을 소화할 수 있는 유일한 방법은 제한된 시간 안에 최대한 많은 양을 읽는 속독이다. 한 문장, 한 단어씩 해석하는 것이 아니라 눈으로 휙휙 보고 주요소를 알아내는 속독만이 그 많은 분량을 읽을 수가 있었다.

대학원은 튜터리얼 tutorial 이란 제도가 있다. 각각의 학생에게는 자신의 담당교수가 있고 정기적으로 그분에게 자신이 공부한 내용을 검사받고 상담을 받는 제도이다. 내 담당교수를 만날 때마다 그분의 대답은 늘 한결 같았다.

"Ssong~ you should read as much as you can. 쏭~ 가능하면 책을 많이 읽어야 한다."

하지만 위에서도 언급했듯 내 발목을 잡고 나를 가장 괴롭혔던 영역이 바로 리딩이었다. 대학원 입학과 함께 나는 리딩으로부터 자유로우리라 생각했다. 그러나 그 리딩은 여전히 내 발목을 잡고 있었다.

'리딩을 좀 더 열심히 공부할걸.' 하는 후회를 하고 있던 어느 날, 매우 재미있는 경험을 한 적이 있다. 당시 함께 공부하던 친구들 중 프랑스와 네덜란드에서 온 친구가 있었는데, 서로 대화를 하다 보면 어휘력에서 나와 그들의 차이가 별반 없어 보였고 오히려 내가 더 많은 단어를 알고 있는 듯했다. 그런데 막상 글을 읽는 걸 보면 사전이 없으면 불안해하는 나와는 다르게 그들은 그냥 휙휙 쉽게 읽는 것이었다.

'아니 어떻게 나보다 모르는 단어도 많은 것들이 나보다 쉽게 책을

읽을 수 있지? 어떻게 그런 게 가능하지?'

가만히 생각을 해보니 그들의 독해 방법은 리스닝과 비슷했다. 글을 읽다가 중요하다 싶은 단어가 나오면 그것을 캐치하고 그런 단어들을 머릿속으로 연상해 전체적인 줄거리와 주제를 알아내는 것이다. 사실 그들이 독해의 정석을 하고 있는 것이다.

독해에서 단어를 많이 아는 것은 매우 중요한 경쟁력이지만 어휘력만으로는 어느 정도 한계가 있게 마련이다. 이 세상 영어 단어를 모두 암기할 수는 없으니 말이다. 결국 읽기 역시 키워드를 캐치하고 단어의 앞뒤를 살펴 그 연관성을 보면서 전체적인 뜻을 알아내는 능력이 유일한 방법이었다.

❺ 두근두근 첫 프레젠테이션

★ ― 런던에 오기 전에는 유학생이 되면 토론 등 많은 얘기를 해야 한다고 생각했었다. 그러나 정작 현실은 그렇지 않았다. 유학생에게 스피킹 능력은 다른 영역에 비하면 그리 높은 비중이 절대 아니었다. 물론 논리 정연한 스피킹 연습을 한 것은 정말 많은 도움이 됐다. 스피킹에 대한 하나의 에피소드가 있다.

수업의 과목은〈Research Method 리서치방법론〉였다. 본격적인 논문을 작성하기 전에 어떻게 연구가 이루어졌는지 그 방법과 종류를 배우는 수업인데, 그룹별로 관련 방법을 조사 연구해 발표하는 것이었다. 그런데 하필 내 그룹에 남자가 나 혼자고 어떻게 하다 보니 내가 발표를 해야 하는 막중한 임무를 띤 것이다.

그날부터 잠이 오질 않았다. 하지만 현실은 현실이니 준비는 해야겠고, 당시 내가 준비해야 하는 것은 조사 방법 중 하나인 'Participation 관여, 참가'이었다. 이 방법은 만약 내가 장애인 복지에 대해 연구를 할 경우 직접 장애인이 되어 참여하고 느끼며 연구하는 방법을 말한다.

나는 준비를 했다. 하지만 지난 수년간 그렇게 스피킹 연습을 했는데 막상 영국 사람들 앞에서 영어로 발표를 하려니 긴장의 연속이었다. 방 안에서 혼자 한 리허설만 10번이 넘었고 발표 내용은 아예 외우다시피 했다.

그러나 발표 전날, 나는 결국 결단을 내리고 말았다. 도저히 발표할 엄두가 나지 않았다. 지금 생각해도 왜 그랬을까? 하는 생각이 든다. 그렇게 많은 위기들을 극복하고 노력을 했는데 말이다.

나는 고민을 하다 내가 발표하려는 내용을 간단한 카툰으로 그리기 시작했다. '그래 혹시 내가 버벅대면 바로 이 그림들을 보여줘야지~!'

내 연구의 가설은 "물고기도 사람만큼 똑똑하다"였고 이를 증명하기 위해 내가 직접 금붕어가 되어 물속으로 들어가 그들과 생활하는 것이었다. 그러면서 이 연구 방법의 장단점을 발표해야 한다.

발표 당일이 됐다. 50여 명이 앉아 있었다. 이 과목은 공통수업이기 때문에 다른 과 학생들도 참여를 많이 했다. 영국인은 물론 유럽, 아시아, 미주까지 정말 전 세계인이 모두 참석한 국제회의장 같은 느낌이었다. '그래도 발표를 해야지'라고 생각을 했지만 막상 발표를 하려니 말은 더 안 나왔다. 결국엔 혹시나 해서 그려놓았던 만화 컷만을 보여주고 만 것이다.

| 첫 프레젠테이션 시간. 이 다음이 바로 내 차례 |

"Hi everyone, my name is Ssong… today, I am gonna be telling about the strength and weakness point of Participation which is one of the research methods… 버벅 버벅~"

"First, what I want to say…… this 이때부터가 본론인데 나는 더 이상 말을 할 수가 없어 그림을 보고만 했다. 그림은 금붕어가 된 내가 물속을 헤엄치는 장면이었다. 이어지는 사람들의 웃음소리…"

"Second, the strength of this method is… this 역시 이 연구방법의 주요 장점은 이것!이라며 그림을 가리켰다. 그림은 금붕어가 된 내가 금붕어들과 어울리며 노는 장면."

아, 이게 무슨 국제적 망신이람. 어떻게 지나갔는지도 모르게 발표는 끝이 났고 온 몸은 땀으로 범벅이 되었다. 나와 같은 그룹의 친구들에게는 너무 미안했다. 그런데 내 예상과 다르게 여기저기서 박수소리가 나오기 시작했다.

'엥? 뭐지? 저 반응은?'

학생들은 다들 함박웃음을 지으며 마치 신선했다는 듯 박수를 보내고 있었다. 그들은 알고 있었을까? 영어에 대한 두려움 때문에 내

가 어쩔 수 없이 그림으로 발표를 대신할 수밖에 없었다는 것을….

어쨌든 결과적으로 발표는 재미있게 끝났다. 하지만 마음 한쪽에 남아 있는 허전함은 뭘까? 마치 그 옛날, 말을 못해 외국인을 신촌까지 데려다준 후의 기분과 비슷했다. 유학생으로서의 첫 프레젠테이션은 그렇게 끝이 났다.

❻ 유학의 마지막 고비, 논문

★ ― 영국의 리포트는 우리와는 좀 다르다. 중요한 건 형식을 갖춰야 한다는 점이다. 우리는 그저 관련 내용을 쓰고 맨 앞장에 학번, 학년, 제목 등을 써서 제출하면 되지만, 영국에서는 단 몇 장의 리포터라도 반드시 형식, 즉 제목, 차례, 서론, 본론, 결론, 그리고 참고문헌까지 철저하게 논문의 형식을 따라야 한다.

쉬운 리포트 제출에 익숙한 나에게는 좀 당황스러울 수밖에 없었다. 하지만 이러한 당황은 처음에만 그런 것이고 매번 제출해야 하는 과제를 수행함에 있어서 나는 항상 세 번째 항아리를 채우던 고급과정 당시의 라이팅 연습을 떠올리곤 했다. 단 2~3줄의 짧은 글이라 할지라도 항상 서론, 본론, 결론을 나누어 쓰기를 했던 라이팅 연습은 정말 값진 경험이고 중요한 경쟁력이었다.

시간은 유수처럼 빨리 지나고 대학원 과정의 마지막인 논문을 쓰기 시작했다. 논문은 학위를 받는 데 가장 중요한 과정이다. 엄밀히 말하면 논문이 통과되는 증명이 학위인 셈인데, 그만큼 학생들, 특히 유학생들에게 논문은 엄청난 스트레스 덩어리다.

'이제 마지막 산, 논문만 남았다.'

나는 열심히 논문을 준비했다. 논문의 주제는 '화가들이 어떻게 인터넷을 이용해 경제적 이익을 얻을 수 있을까?'라는 호기심에서 시작되었다. 이런 주제이다 보니 인터넷의 중요성, 인터넷 옥션 등 관련 서적을 읽게 되었다.

　런던의 겨울은 유난히 길고 해가 짧다. 오후 4시가 되면 벌써 어둑어둑해진다. 논문을 쓰기 위해 두 달째 꼼짝 없이 컴퓨터 앞에서 논문과 씨름하고 있었다. 쓰고 고치고 지우고 다시 고치고 쓰고 지우고…. 논문 마감은 다가오는데 정작 논문의 진도는 답보 상태였다.

　'답답해 미치겠네. 왜 이러지?'

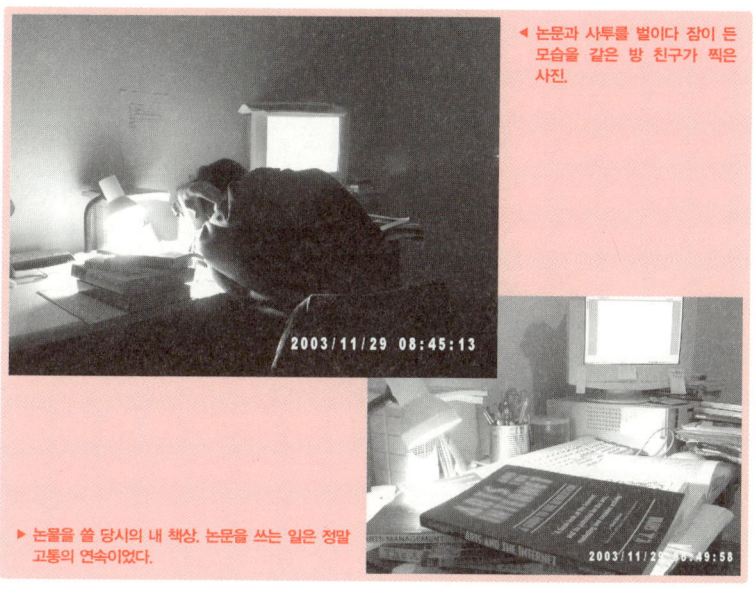

◀ 논문과 사투를 벌이다 잠이 든 모습을 같은 방 친구가 찍은 사진.

▶ 논물을 쓸 당시의 내 책상. 논문을 쓰는 일은 정말 고통의 연속이었다.

　불현듯 처음 유학을 꿈꿀 때가 생각났다. 영어의 중요성도 모르고 그저 멋진 유학생활만을 꿈꾸던 내 모습을 향해 나는 이렇게 중얼거렸다.

'이게 현실이다.'

정말 그랬다. 논문은 정말 힘든 산이었다. 그렇게 혈투를 벌이면서 조금씩 논문의 형태가 완성되어가고 있었다.

나는 이 과정에서 논문에 대한 중요한 개념을 하나 발견하게 되었다. 논문은 쓰는 게 아니라 읽는 것이라는 사실이다. 논문을 쓰면서 책상 옆에 쌓이는 것은 다름 아닌 참고문헌들이었다. 많은 참고자료를 읽은 후 그것을 바탕으로 재정리하는 것이 결국 논문이었다.

논문을 준비하는 기간 동안에는 정말 많은 책을 읽었다. 인터넷도 수없이 뒤지고, 도서관에서 살기도 하고, 때론 없는 책들을 인터넷 서점에서 구입하기도 했다. 그렇게 많은 책을 읽고, 설문조사를 하고, 모든 자료들을 한 데 모아 한 자 한 자 정리하며 나는 드디어 논문을 완성시켰다.

THE STRONG POTENTIALS OF THE INTERNET AND ARTISTS

– the examination of use of the internet technology to promote art virtually and the economic benefit that it brings –

MA. Arts Management Yong J. Song

영국에 오기 전, 한창 작은 에세이를 쓸 때가 생각났다. 그 시절에는 A4 반 장 채우기도 힘들었는데, 지금은 100여 장의 논문을 완성했다. 하지만 필리핀과 한국에서 고생하면서 겨우 채운 A4 반 장의 글들이 없었다면 어떻게 이런 논문을 완성할 수 있었겠는가?

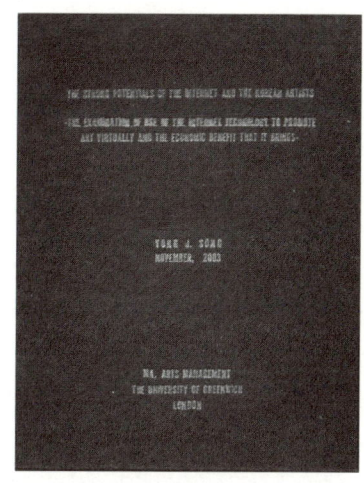

| 인고의 노력 끝에 완성된 논문 |

누군가 세상 어떤 것도 큰 데서 오는 건 없다고 했다. 모든 것은 아주 사소하고 작은 것에서부터 시작한 것이라고.

❼ 드디어 학위를 받다

★ ― 고달픈 논문 작성이 마무리되고 몇 달 후 떨리는 마음으로 학교 컴퓨터실에 갔다. 그렇게 떨리는 기분도 난생처음이었다. 조심스럽게 로그인을 하고 시험 결과를 클릭했다. 화면이 바뀌고 나타나는 논문 성적표.

"Oh, my god!!~"

나는 쾌재를 불렀다. 점수를 보니 아마도 우리 과 꼴등이 아닐까 하는 생각도 들었지만, 그건 중요치 않았다. 내게 중요한 건 내 목표였던 학위를 받는다는 사실이었다. 영어를 시작한 뒤 단 한 번도 흘리지 않았던 눈물을 나는 그날 흘리고 말았다. 그것도 아주 펑펑~.

"헤, 헤, 헬로…"란 말도 제대로 못하고 주변 사람들의 측은한 눈빛을 받은 게 엊그제였는데, 영어 한번 해보겠다고 낯선 타국 땅에서 밤낮 안 가리고 미친 듯 공부한 게 엊그제였는데, 한창 돈 벌어야 할 나이에 철없이 영어공부나 하고 있다고 비아냥을 받았던 게 엊그제였는데, 유학에 대한 꿈을 안고 런던 히드로 공항에 내려 길을 잃고 방황했던 것이 엊그제였는데 말이다. 그런 내가, 논문을 통과하다니! 그때 그 컴퓨터실에서 내 옆에 누가 있었는지까지 생생하게 기억나는 걸 보면 그날 나의 감동이 얼마나 컸는지 알 수 있다.

영화에서나 보던 서양식 졸업식 날에 나는 학위수여자로 참석했다. 한 명 한 명 호명을 하면 총장과 부총장이 학위를 일일이 나누어

주었다. 내 차례가 왔다. 왜 그랬는지 지금도 이해할 수 없지만 그땐 그냥 그러고 싶었다. 나는 갑자기 총장에게 무릎을 꿇고 한국식으로 큰절을 했다. 그리고는 큰 소리로 "THANK YOU, SO SO SO MUCH~!"를 외쳤다. 순간 장내는 웃음바다가 되었다. 6월 한여름의 졸업식장은 그렇게 영원히 잊지 못할 좋은 추억으로 남게 되었다.

지금도 내 방 한가운데에는 학위증서가 멋지게 걸려 있다. 졸업한

졸업식 풍경. 아, 내가 드디어 학위를 받다니!

학교는 그리 유명한 대학도 아니다. 그 학교에서 공부한 나는 그리 좋은 실력의 학생도 아니었다. 그러나 나는 최선을 다했다. 이 작은 종이 하나는 내가 내 자신에게 주는 생애 최고의 선물이었고 앞으로도 그럴 것이다.

이렇게 해서 나는 유학의 꿈을 이루었다. 한국으로 돌아오는 길에 필리핀에 잠시 들려 영어공부를 도와준 튜터들과 홈스테이의 필리핀 부모님 등 지인들을 만나고 인사를 했다. 필리핀 어머니는 나를 자식처럼 반겨주셨고, 나는 가장 먼저 내 논문을 그분에게 선물했다. 그런데 갑자기 눈물을 흘리시는 거다.

"Ssong~! you did it! 쏭아, 네가 해냈구나~!"

필리핀 부모님들은 내가 처음에 그곳에 와서 영어를 못해 얼마나 마음고생, 몸고생이 심했는지 옆에서 직접 지켜보신 분들이었다. 그런 내가 영국에서 공부하고 학위를 받아왔으니 비록 친자식은 아니지만 그 감격은 내 이상이 아니었을까? 그날 저녁, 밤새는 줄도 모르고 나와 필리핀 가족들은 이야기꽃을 피웠다.

유학의 성공 포인트는 '리딩'

유학을 무사히 마치기 위해서는 영어를 잘해야 한다. 영어를 잘하기 위해서는 다른 것이 없다. 그저 유학 관련 시험 TOEFL, IELTS, GRE 등 점수를 높이는 게 최고다.

가끔 사람들은 토플 등의 시험영어에 매우 부정적인 소견을 내기도 하는데, 내 경험으로는 결국 TOEFL점수나 IELTS 점수가 높으면 유학을 가는 데 전혀 지장이 없다는 결론을 내렸다. 듣기와 말하기의 경우는 앞에서도 언급했듯 성공적인 유학에 그다지 결정적인 역할을 하지 않는다. 읽기, 쓰기가 되는 학생들은 현지에서 조금만 적응하면 쉽게 따라갈 수 있기 때문이다. 특히 스피킹은 읽기, 쓰기, 듣기 등 다른 영역에 비해 수업을 따라가는 데 그리 큰 비중을 차지하지 못한다 물론 다른 영역에 비해 그렇다는 뜻이지, 스피킹을 못해도 된다는 말은 절대 아니다.

그렇다면 네 가지 영역 중에서 가장 중요시해야 할 것은 무엇인가? 단연코 선택의 여지없이 리딩이다. 유학생활은 읽기에서 시작해 읽기로 끝난다 싶을 만큼 절대적이다.

따라서 유학 준비생들이거나 지금 준비하고 있는 시험이 있다면 읽기 영역에 더 많은 비중을 두어 공부를 하는 것이 좋다. 특히 스피드 있게 읽는 속독연습은 시험 점수를 떠나 성공적인 유학의 키포인트다.

지금은 IELTS나 TOEFL시험의 지문이 길다고 불평하지만, 사실 원서 한 권을 읽는다고 생각해보면 아무것도 아닌 분량이다. 그러니 짧은 시간 안에 최대한 많은 내용을 이해할 수 있는 연습에 주력해야 한다.

· **Episode in England** ·

리포트 제출에도 영수증이 있다?

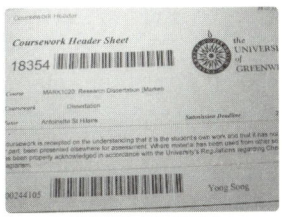

우리나라에서도 그렇듯 영국에서도 오리엔테이션 시간을 통해 신입생들에게 다양한 안내를 제공한다. 첫 시간이니만큼 나는 온힘을 다해 귀를 쫑긋 세우고 경청을 했다. 아마 오리엔테이션을 진행했던 진행자가 날 봤다면 "뭐야? 저 학생 속이 안 좋나? 왜 저리 심각해?"라고 했을 정도로.

그리고 한 달 후, 드디어 첫 리포트를 제출할 때가 되었다. 데드라인은 11월 10일까지였다. 너무나 긴장을 했던 탓일까? 나는 11월 5일에 이미 완성을 해 출력까지 마치고 미리 제출을 하기로 마음먹었다.

수업을 마치고 나는 자랑스럽게 첫 리포트를 제출하러 과사무실로 향했다. 그런데 문이 잠겨 있는 것이다. 다음 날 수업도 없고 해서 나는 그냥 문 밑으로 리포트를 집어넣었다. 조교가 알아서 챙기겠지 하는 생각이었다.

그리고 시간이 흘렀다. 친구들은 "쏭? 제출했어? 나는 이제야 끝냈어. 어제 밤 샜어"라며 말을 건넸다. 나는 자랑스럽게 "응, 몇 일 전에 제출했지"

라고 대답했다. 그런데 얼마 후 학교에서 한 통의 편지가 날라왔다.

- 송용진 학생 리포트 미제출 -

엥? 이게 무슨 말? 분명히 냈는데. 나는 당장 과사무실로 달려갔다. 조교는 태연스럽게 자기는 받은 적도 없고 본 적도 없다며 발뺌을 하는 것이다. 나는 흥분해서 분명히 냈다고 주장을 했고, 조교는 그런 나를 보더니 영수증을 달라는 것이다. 나는 더 흥분해서 이게 무슨 상업적인 거래도 아니고 무슨 영수증이 있느냐며 따졌다. 그리고 몇 분 후, 나는 엄청난 실수를 인정하고 조교에게 싹싹 빌기 시작했다.

오리엔테이션 때 이미 리포트 제출과 관련한 설명이 있었던 것이다.

"학생들! 리포트가 완성되면 여러분의 아이디로 로그인을 해서 담당 과목의 head page를 프린트 하세요. 자, 여기 샘플이 있습니다. 여기에는 바코드 두 개가 있죠? 하나는 이 과목에 대한 정보이고 나머지 하나는 여러분 개인에 대한 정보입니다. 이 페이지를 프린트한 후 여러분이 작성한 리포트 앞면에 붙이고 교학과에 가서 제출을 하세요. 그럼 교학과에서는 바코드를 레이저 건으로 찍은 뒤 영수증을 줄 거예요. 그것은 반드시 보관을 하셔야 합니다. 만약 여러분께서 데드라인을 넘겨 제출을 하면 날짜별로 감점이 됩니다. 꼭 유념하세요!"

당시 50여 명의 관련 학과 신입생들 중 아마도 유일하게 이 대목을 듣지 못했던 신입생! 바로 나였다. -.-;

PART 7

영어선생이 된
쏭선생

★ ─ "네? 필리핀에 학원을 만드신 다고요? 하지만 제가 어떻게…"

아는 지인의 제안으로 나는 생각지도 못하게 어학원을 설립하고 운영하게 되었다. 당시 필리핀은 물론 지금도 그렇지만 저렴하면서도 1:1 수업을 받을 수 있는 효과적인 영어연수지로 각광을 받고 있었다. 가르치는 일이 썩 내키지는 않았지만, 지금까지 영어에 대한 내 도전을 다른 학생들에게 알려줄 수 있는 좋은 기회이기도 해서 나는 고민 끝에 수락을 했다.

"그러니까 제가 해야 할 일은 학원 커리큘럼과 학생들 생활규칙 등을 짜고 관리하는 거란 말이죠? 예, 알겠습니다. 제가 공부했을 때만큼 목숨 걸고 한번 만들어보죠."

누가 내게 영어공부에 대한 철학을 묻는다면 나는 지금도 앞으로도 변함없이 이렇게 얘기할 것이다.

"성인들에게 영어공부는 고시입니다. 왜냐구요? 영어는 몰라서 못 읽고, 못 읽으니까 못 말하는 것이고, 못 말하니까 안 들리는 것이기 때문이죠."

너무나 자명한 사실이다. 물론 개인별로 차이는 있다. 언어에 대한 감각, 아이큐, 성격 등 다양한 요소들이 영어공부에 작용을 하지만 잘 보면 이런 모든 것들은 모두 선천적이거나 공부를 시작하기 이전에 결정되어 있는 것들이다.

언어감각이 있는 사람들은 한 번을 익혀도 금방 따라한다. 아이큐가 높은 사람들은 한 번을 외워도 쉽게 까먹질 않는다. 성격이 활달한 사람은 같은 영어를 배워도 더 재미있게 표현을 해낸다.

얼마나 부러운 능력인가? 그러나 이런 능력의 소유자들을 부러워만 해서는 안 된다. 그것은 하늘이 주신 그들만의 능력이기 때문이다. 마치 키 작은 농구선수가 키 큰 선수를 마냥 부러워하고 비교하는 것과 같다.

키는 선천적인 것이니 키가 작다면 슈팅 같은 다른 능력을 키워 만회를 해야 한다. 영어공부도 같다. 그런데 매우 희망적인 것은 내가 경험한 10명의 학생들 중 8명 이상은 나처럼 언어에 대한 선천적 능력이 없었다는 점이다. 그렇다면 결국 나 같은 보통 사람들은 그저 열심히 노력해서 공부해야 영어를 정복할 수 있다는 아주 단순한 결론이 나온다.

학원을 설립하면서 내가 해야 할 일들은 학생들이 한국말을 안 쓰고 미친 듯 열심히 공부할 수 있는 분위기를 조성해 주는 일이라 생각했다. 그래서 내가 공부한 교재를 중심으로 내 스타일의 학원을 만들었다. 일명 공포의 스파르타식 기숙학원이다 스파르타는 우리나라에서만 쓰는 말이고 영어식 표현은 Military Style이다.

내가 미친 사람처럼 공부를 했듯 학생들은 새벽에 일어나 체조로 시작해 저녁 늦게 잠들기 전까지, 밥 먹는 시간과 자는 시간을 제외하고는 하루 종일 영어공부만을 해야 하고 영어로 대화를 했다.

이렇게 나와 영어의 또 다른 인연은 시작되었고 어학원을 운영했던 4년여 동안 나는 학생들과 함께 생활하고 공부하면서 내가 공부했던 것만큼, 아니 그 이상의 최선으로 학생들에게 영어를 가르쳤다.

② 영어공부란 무엇인가?

★— 일전에 한 외국인 친구가 있었다. 그 친구는 한국어를 배우기 위해 한국에 왔었다. 대학교 부설 한국어 어학당에 입학한 첫날, 그 친구가 배워온 것은 'ㄱㄴㄷㄹ'이었다. 한글의 자음과 모음으로 시작된 그의 한국어 실력은 시간이 지나면서 신기하게도 한글 책을 읽는 수준으로 바뀌었다. 그렇게 한글 책을 읽기 시작하더니 어느 날 조금씩 말문이 트여 "감사합니다. 안녕하세요. 잘 가요. 사랑해요"라는 말을 배우기 시작했다.

그의 노트에는 위의 말들이 쓰여 있었고 그는 매일 그걸 읽고 반복하며 외우고 있는 것이었다. 그렇게 한 달 두 달이 지나니 제법 말도 하고 글도 읽고 쓰고 한국인 티가 나는 것이다. 참 신기했다. 그러나 듣는 것은 쉽지가 않은 모양인지 내가 조금만 빨리 얘기해도 못 알아들었다.

그런 그가 지금은 한국에 온 지 2년이 넘어 웬만한 글과 말을 꽤 한다. 물론 그 친구가 아무리 한국말을 잘해도 한국사람 같은 자연스러운 한국식 억양을 갖지 못하기 때문에 아무래도 티는 난다.

그렇다면, 한국어가 제2외국어인 이 친구의 한국어 습득 과정을 한번 살펴보자.

첫날에는 가나다라, 즉 쓰기와 읽기를 시작으로 시간이 지나면서 말하기가 익숙해지고 여기서 말하기는 쓰기와 읽기가 바탕이 되어야 가능함 그리고 시간이 더 지나니 우리들이 말하는 것처럼 빠른 한국말도 캐치하는 듣는 과정이 완성된다.

다시 정리하면 쓰기-읽기-말하기-듣기 순이 되는 것이다.

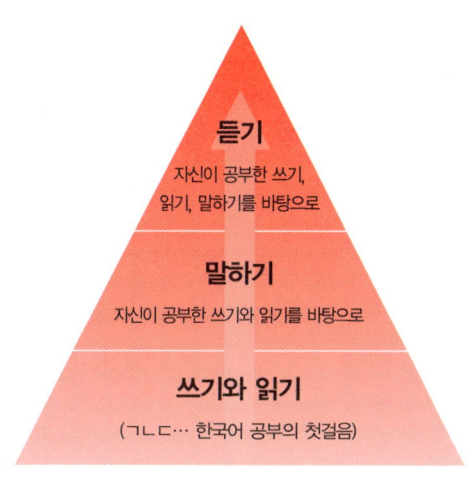

| 외국인이 한국어를 습득하는 과정 |

이 세상에서 가장 어려운 언어가 한국어라며 투덜대던 이 외국인 친구를 보고 있으면 2살도 채 되지 않은 내 조카 지훈이가 생각난다. 내가 이 꼬마를 언급한 이유는 과연 우리나라 사람들은 어떻게 한국말을 받아들여 지금 이렇게 잘 쓸 수 있을까? 하는 의문 때문이다.

요즘은 지훈이의 재롱에 우리집은 웃음이 끊이지 않는다. 이제 17개월인 지훈이는 아직 제대로 말을 못해 나는 맨날 "말 좀 해봐라, 이 원시인아~"라며 놀린다.

아기들은 엄마 뱃속에서부터 이미 한국어를 듣고 배운다.

　그 이유는 지훈이가 할 수 있는 유일한 말이 "어버버버~"이기 때문이다. 그런데 얼마 전에 너무나 신기한 광경을 목격했다. 너무 오랜만에 함께 저녁을 먹는데 여동생이 그림책을 보며 "지훈아, 코끼리가 어디 있어?"라고 하니 지훈이는 정확히 코끼리 그림을 찾아 손가락질을 하는 거다. 나는 속으로 '거참, 신기하네. 말도 못하고 쓰지도 읽지도 못하는데 어떻게 부모가 하는 얘기를 알아들을 수 있지?'

　지훈이는 비록 말은 아직 못하지만 이미 엄마 뱃속부터 주변의 모든 것을 귀로 받아들이고 있던 것이다. 아마 지훈이는 그것을 마치 워드파일 저장하듯 차곡차곡 머릿속에 저장하고 있을 것이다. 그리고 이제 조금씩 자신이 듣고 기억하는 단어들을 입으로 표현하는 말을 할 것이고, 시간이 더 지나 5~6살이 되면 부모나 선생님으로부터 한글을 읽고 쓰는 학습을 하게 될 것이다. 이것이 한국 사람이 한국에서 모국어인 한국어를 배우는 과정이다. 다시 정리하면 한국인이 한국어를 습득하는 과정은 듣기-말하기-쓰기-읽기의 순이 된다.

| 한국인이 한국어를 습득하는 과정 |

이렇게 본다면 우리가 모국어가 아닌 제2외국어인 영어를 습득하는 과정을 알 수 있다. 가장 밑 단계는 쓰기와 읽기 영역이다. 그런데 그 면적이 가장 넓다. 왜일까? 그것은 쓰기와 읽기가 가장 힘들고 시간이 오래 걸리는 과정이기 때문이다.

그럼 한국인이 영어를 습득하는 과정을 영역별로 살펴보자.

★ — 쓰고 읽기

여기에는 문법, 어휘 등이 모두 포함되어 있다. 사실 대부분의 사람들은 한국인의 영어 환경을 단지 쓰고, 읽기만 강하다는 식으로 부정적인 얘기를 한다. 하지만 나는 절대 그렇게 생각하지 않는다. 위의 습득 피라미드를 보면 문법, 어휘를 포함해 이 과정은 가장 시간이 오래 걸리고 힘들다. 즉 책상에 앉아 열공을 해야 얻어지는 과정이다.

  이 과정이 탄탄한 학생들은 그 다음 단계인 말하기와 듣기는 조금만 환경이 갖춰지면 금세 하게 되어 있다. 이는 영어강사를 하면서 무수히 경험했고 지난 수년간 영어에 매진하면서 내가 유일하게 후회한 단계이기도 하다. '아, 좀 더 한국에서 학원을 다니며 어휘, 문법 등을 쌓고 외국에 나갈 걸…' 이라고 말이다.

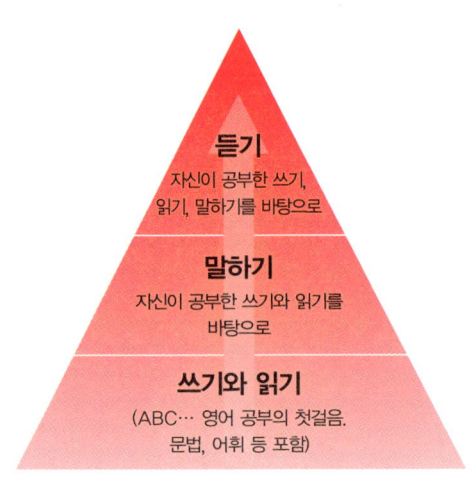

| 한국인이 영어를 습득하는 과정(성인) |

★― 말하기

쓰고 읽기가 탄탄하게 되어 있다면 그 다음은 말하기 단계이다. 11~12살 이하 어린아이가 아닌 성인이 영어로 말을 한다는 것은 인위적일 수밖에 없다. 아마 어떤 한국인도 자신이 어떻게 한국어를 습득했는지 아는 사람은 없을 것이다. 그냥 어려서부터 자연스럽게 습득되는 것이기 때문이다. 그러나 그건 한국어의 경우일 뿐이지, 결국 우리가 공부해야 할 영어는 억지로 외우고 반복해 말을 해야 하는 인위적 학습이란 뜻이다. 그래서 1단계가 확실한 사람, 즉 단어를 많이 알고 문법을 체계적으로 갖춘 학생들은 영어 환경인 외국에 나가면 정말 쉽고 빠르게 말하기, 즉 스피킹이 향상될 수 있다.

★― 듣기

3단계는 듣기로 사람들이 가장 어렵다고 말하는 과정이다. 외국 방송에서 나오는 어떤 문장이나 단어가 들렸을 때의 쾌감은 경험해보지 않은 사람은 절대 상상도 못하는 기쁨이다. 사람들은 "정말 한국말처럼만 영어가 들린다면?"이란 한탄을 많이 한다. 그것은 한국어를 공부하는 미국인이 "아, 제발 영어만큼 한국말이 들렸으면!"과 똑같은 바람이다. 우리가 한국어를 듣기 시작하는 것은 이미 엄마 뱃속에서부터이다. 그러나 불행히도 영어는 그렇질 못하니 당연히 후천적인 노력을 해야 한다. "아는 만큼 들린다"라는 말이 있듯 보통 리스닝의 달인들은 코피 나게 1, 2단계를 공부한 사람들이다.

이런 언어 습득 과정을 보고 있으면 어느 영역에 중점을 두어야 하는지 답이 나온다. 영어연수라는 프로그램이 무엇인가? 왜 우리들은 자꾸 외국에 나가려고 하는 걸까? 외국에 나가면 뭔가 영어가 잘 될 것이라는 막연한 기대감과 정말 힘들고 시간이 많이 걸리고 인내를 필요로 하는 첫 번째 단계 읽기, 쓰기 등를 피해 편하게 영어를 배우려고 나가는 게 아니었나, 하는 생각을 해볼 필요가 있다.

"한국에서 하는 영어공부는 반쪽짜리죠. 외국에 나가서 문화를 익히면서 부딪히며 배우는 영어가 진정한 영어라고 할 수 있죠~!"

어느 어학원의 광고 카피다. 이 광고 카피를 가만히 보고 있으면 모두 맞는 말이다. 언어는 문화의 결정체이니 문화를 익힌다는 것은 언어를 익히는 것이고 한국에서는 스피킹을 쉽게 할 수 없으니 반쪽짜리다. 그러나 진짜 외국에 나가 문화를 익히며 부딪히면서 영어를 향상시켜오는 사람들이 몇이나 될까? 불행히도 현실과는 많이 다르다. 호주 아니 미국 뉴욕의 한복판에서 영어를 배운다 할지라도 우리처럼 성인이 영어를 공부해야 한다면 피나는 노력이 수반되어야 한다. 반복하고 암기해서 그것을 의도적으로 계속 사용해야 우리가 꿈꾸는 영어연수가 실현되는 것이다.

★ ― 일반적으로 학생들이 어학원에 등록하는 평균 수강기간은 3~4개월이다. 지금까지 많은 학생들을 지도했지만 단 한 명도 영어가 늘지 않는 사람은 없었다. 그것

은 내가 훌륭하고 학원이 좋아서가 아니라 영어란 누구든 공부를 하면 늘기 때문이다. 문제는 얼마나 빠른 시간 안에 얼마나 많이 향상시킬 것인가 하는 문제일 뿐이다.

그럼 어떻게 영어가 향상되는 것일까? 영어 향상 과정은 마치 화가 지망생들이 수련을 하는 과정과 비슷하다.

대학교 때 미술학원에서 강사를 한 적이 있었다. 신입생이 미술학원에 입학을 했다. 어려서부터 미술을 하고 싶었던 이 학생은 마치 혼자 화가가 된 양 열심히 자신 있게 그림을 그린다. 누가 봐도 엉성한 그림이지만 이제 막 미술을 시작했으니 무슨 자신감인지 혼자 신이 나서 그림을 그린다. 도대체 이 자신감은 어디서 나오는 것일까? 그것은 이제 막 그림을 그리는 신입생들의 눈높이와 손 기술이 매우 낮기 때문이다. 그래서 어린아이들이 신나서 그림을 그리듯 재미있게 그림을 그릴 수 있다.

그러나 시간이 지나고 주변에 잘하는 학생들의 그림을 보면서 눈높이가 급상승을 한다. 그런데 실제로 그림을 그리는 손은 상대적으로 천천히 상승을 한다. 눈은 벌써 멋진 그림을 상상하는데 손이 쫓

아가질 못하니 당연히 차이가 생기고 학생은 낙담을 한다. '나는 미술에 소질이 없나…' 라면서 말이다.

　미술을 하는 사람들은 누구나 겪는 경험이다. 그럼 이런 상황에서 어떻게 해야 할까? 답은 하나다. 자신의 눈높이만큼 손 기술을 끌어올리는 것, 즉 이 시기 학생들에게 최대한 많은 그림을 그리게 해 인위적으로 자신의 눈높이기대감와 자신이 갖고 있는 미술 실력현실의 차이를 좁혀주는 것이다. 그렇게 눈높이와 손 높이가 비슷해지면, 학생은 마치 자신이 화가인 듯 또 자신감에 넘쳐 그림을 그린다. 그러다 다시 눈은 높아지고 손은 그것을 쫓아가고 그러면서 화가로 성숙해가는 것이다.

　영어 역시 미술과 매우 비슷하다. 기초인 학생들은 영어에 대한 눈높이도 실제 영어에 대한 능력도 모두 낮다. 그러니 거칠 것이 없다. 다들 영어 천재다. 어디서 저런 자신감이 나올까? 내가 무슨 말을 하면 선생들이 웃어주기도 하고 그렇게 자신 없던 영어인데 영어로 대화도 가능하고…. 그런데 그들의 대화를 들어보면 더 가관이다. 문법, 단어 하나 제대로 맞는 것 없이 그저 되는 대로 내뱉을 뿐이다. 물론 아주 자연스러운 현상이다. 나 역시 마찬가지였다.

　이런 그들도 한 달이 넘어가면 조금씩 얼굴색이 변한다. 그리고 한두 명씩 상담을 요구한다.

　"저는 소질이 없나봐요. 이제 말도 안 나오고…. 너무 답답해요. 오히려 영어가 줄어드는 것 같기도 하고요."

왜 이런 슬픈 얘기가 나올까?

잘 보자! 영어공부를 한 지 한 달이 지난 이들의 눈높이가 가만히 있을 리 없다. 주변에 잘하는 학생들의 영어를 듣고 이리저리 공부를 계속하니 눈높이는 급상승을 한다. 이런 영어에 대한 높아진 눈높이에 비해 자신의 실제 영어 실력은 그것을 쫓아가지 못한다. 그러니 거기서 차이가 생긴다. 한 달 정도 지나면 그나마 자신이 알고 있던 얼마 되지 않는 영어 단어도 바닥이 나버리니 맨날 쓰는 말만 쓸 뿐이다. 그 결과 자신의 영어는 늘 그저 그런 것 같다. 거기에 대책 없이 흐르는 시간은 결정적으로 자신의 실력이 뒤로 가는 느낌을 받게 하는 요인이 된다.

영어를 공부하고 한 달 두 달이 지나면 자연스럽게 '시간은 가는데' 라는 불안감이 찾아온다. 이것은 '시간이 가면 그만큼 영어도 늘겠지' 라는 기대감 때문이다. 즉 시간은 가는데 자신의 영어는 그리 느는 것 같지 않다 실제로는 엄청 늘고 있지만 본인은 잘 알지 못한다.

이런 현상은 이렇게 이해할 수 있다. 시속 50킬로로 가고 있는 지하철 꾸준히 늘고 있는 자신의 영어 실력 옆으로 KTX 연수에 대한 기대감 + 자꾸 높아지는 눈높이가 지나가면 마치 거꾸로 가는 느낌과 같다.

이런 학생들에게 내가 해주는 말 역시 같다.

"이럴 때는요, 더 공부를 해야 합니다. 가장 현실적인 것은 혼자 공부하는 자습시간을 늘리세요."

시간은 또 지나고 3개월, 4개월째가 되면 그들의 표정이 달라진다.

그때가 되면 자신의 눈높이와 실제 영어 능력이 비슷해지는 시점이기 때문이다. 그렇게 눈높이가 올라가고 그걸 쫓아가고, 또 높아지고 또 쫓아가면서 영어는 느는 것이다. 마치 미대 입시생이 화가가 되는 과정처럼 말이다.

★ — 막연한 기대감을 버려라! 영어 공부는 현실이다

❹ 시간과 돈을 한꺼번에 잡는 어학연수 비법

나는 1년 반 동안 필리핀과 한국에서 미친 듯 영어공부를 했다. 쉬워 보이는 일 같지만 1년 반 동안 내가 쏟았던 노력과 시간은 정말 땀과 인내의 시간이었다. 그 기간 동안 내가 말하려는, 내가 들으려는, 내가 쓰려는, 또 내가 읽으려는 문장과 단어들이 얼마나 많았을까?

실제로 대학원에 입학하기 전 6개월 동안 쓴 내 라이팅은 A3로 500장이 넘었다. 이런 노력은 남들에게 안 보인다. 단지 보이는 것은 외국에 나가 사람들과 대화하면서 웃고 즐기고, 문화를 체험하는 어떤 이상적인 그림들만을 상상한다.

나는 영국에서 많은 한국인 어학연수생들을 보았다. 그들의 하루 일과는 대개 비슷하다. 오전에는 학원에서 공부를 한다. 10명~15명 정도의 교실에서 3~4시간 공부를 한다. 그 수업시간을 들여다 보면 더 가관이다. 50분 수업 중 반은 선생이 떠들고 반은 친구들의 엉성한 언어를 들어야 한다. 정작 자신이 말하는 시간은 2~3분도 안 되고, 선생이 어떤 질문을 하면 설령 그것이 이해가 안 돼도 질문할 용기가 나지 않는다. 아는 학생이 혹 정답이라도 맞추면 자신의 의지와는 상관없이 다음으로 넘어가야 한다.

그렇게 수업이 끝나면 일반적으로 오후나 저녁에는 알바 part time 를 한다. 알바는 어떤 종류의 것일까? 보통 접시 닦고 햄버거 만들고 청소하고, 정말 괜찮다 싶은 것이 식당에서 주문받는 일이다. 그럼 주문을 받으면 손님들하고 얘기를 할 수 있겠네? 드디어 실전 연습을 하는군. 하지만 손님과 알바생이 나누는 대화는 불행히도 매우 간단하고 계속 반복되는 단순한 영어다.

손님이 경제에 대해 물어보겠는가? 아니면 손님이 알바생에게 자기소개를 해보라 하겠는가? 그저 "This please."가 전부다. 그러니 알바를 하면서 영어 실력을 올린다는 것은 거의 불가능하다. 이렇게 육체노동을 하고 집에 오면 말 그대로 쭉 뻗어버린다. 그리고 아침이 되면 무거운 몸을 이끌고 다시 학원에 간다.

나는 그들을 보면서 도대체 언제 공부를 하나? 단어는 어떻게 외우며 예습, 복습은 할까? 라는 생각을 하곤 했다. 혹 주말이나 휴일에 시간이 나 펍pub에 가 친구들을 사귀고 얘기를 한다 치자. 그러나 머릿속에 든 게 있어야 말도 할 것 아닌가, 표현은 늘 쓰는 말만 쓰고, 잘 들리지 않으니 상대방이 얘기하는 게 불편하고, 그러다 보니 자꾸 자기 얘기만 하려고 하고, 그것도 아는 단어, 아는 문장 다 떨어지면 결국 계속 반복…. 이것이 우리가 꿈꾸는 연수생들의 현실이며 보통의 생활이다.

연수는 영어공부를 하러 가는 유학이다. 공부에 대한 노력 없이 자신의 영어가 늘 것이라는 생각은 너무나 거저먹으려는 심보가 아닌가? 발전은 시간이 해결해 주지 않는다. 노력을 해야 한다.

★ 목적과 목표가 있어야 한다

어학원에서 학생들을 상담하다 보면 영어공부에 대한 확실한 목적이 있는 부류와 그저 영어를 좀 향상시키기 위해, 또는 회화 한번 해보려고 하는 등의 목적이 불분명한 부류로 나뉘어진다. 이것은 별것 아닌 듯해도 엄청나게 다른 결과를 초래한다.

앞에서도 언급했듯 언어, 문화라는 의미에서 보는 영어의 영역은 끝없는 벌판과도 같다. 여기서 나무가 자신의 영어 능력이라면, 그 넓은 벌판을 나무로 모두 채울 수는 없다. 그건 불가능한 일이니까.

그렇다면 어떻게 해야 할까? 욕심을 버리고 자신의 능력 하에 연수기간 등을 고려해 어느 정도의 영역을 표시해야 한다. 그리고 그 안에 한 그루 두 그루 나무를 심어야 한다. 그것이 목표이다. 그런데 그 목표는 목적에 따라 다르게 정해진다. 내 영어공부의 목적이 토익이라면 거기에 초점을 맞춰야 하고, 내 목적이 비즈니스 영어를 해야 하는 취업 영어라면 또 거기에 맞춰 영역을 정해야 한다.

내가 가장 안타깝게 생각하는 학생들은 아무런 생각 없이 그저 회화 좀 늘리기 위해 연수를 왔다고 하는 이들이다. 회화란 영역은 정말 너무 넓다. 동네 슈퍼에서 "이거 얼마예요?"부터, 지구온난화에 대해 외국인과 대화하는 것도 회화이다. 그러므로 회화라 하면 얼마나 공부를 할 것이고 어디까지 공부를 해야 하는지, 어느 정도는 목표를 정하는 것이 좋다.

★ 최고의 스승은 책이다

필리핀에서 학생들을 지도하다 보니 어느 정도 자신이 원하는 것을 성취해가는 학생이 있는가 하면 바쁘게 이거저것 손만 대다 귀국하는 학생들도 있다. 우리나라 사람은 성질 급하기론 세계 1등이다. 이 급한 성격은 욕심으로 드러난다.

한 학생이 어떤 책으로 영어공부를 한다. 그런데 영어라는 것이 하루아침에 되겠는가. 시간이 걸리고 인내가 필요하다. 그런데 몇 주 해보고 진척이 없다고 판단해 공부 방법을 바꾼다고 교재도 바꾸고 모든 걸 바꿔버린다. 그리고 또 다른 책으로 공부를 한다. 이런 학생들은 영어에 '영'자도 모르는 주제에 나름 영어의 달인들이 만들었다는 영어책을 자신이 판단하고 쉽게 바꾸어버리는 오만함을 보인다.

내가 어느 정도 성공적인 연수를 할 수 있었던 이유는 책 한 권을 꾸준히 공부했다는 점이다. 책 선정이 중요한가? 아니다. 선생이 중요한가? 아니다. 가장 중요한 건 한 권의 책을 얼마나 꾸준히 공부하는가 하는 인내심에 있다.

한 권의 책을 꾸준히 공부했다는 것은 단순한 인내심으로 되는 것이 아니다. 거기엔 긍정적인 마음과 책에 대한 믿음이 따라야 한다. 나는 지금도 무엇인가를 공부할 땐 교재를 가장 믿고 의지한다. 책을 앞에 놓고 내 자신에게 스스로 얘기를 한다.

'그래, 이 책만 끝내면 나는 영어를 아주 잘할 거야. 무조건 끝내자.'

이런 내 사고와 신념으로 모든 책을 끝까지 보게 되었고, 실제로도 그만큼 실력이 향상되었다. 저자가 영어책 한 권을 쓴다는 것은 영어에 대한 자신의 모든 것을 쏟아 붓는 일이고, 그런 책 한 권을 읽는다는 것은 그런 저자의 영어에 대한 노력과 지식을 받아들이는 것이라는 사실을 절대 명심하자.

★ — 진짜 저렴한 영어연수는 무엇일까?

영어연수를 생각하는 많은 학생들이 가장 크게 걱정하는 요소는 바로 비용이다. 그래서 "저는 돈이 부족해 워킹홀리데이로 가서 돈을 벌면서 영어공부를 하려구요" 또는 "제가 지난 몇 개월간 알바 해서

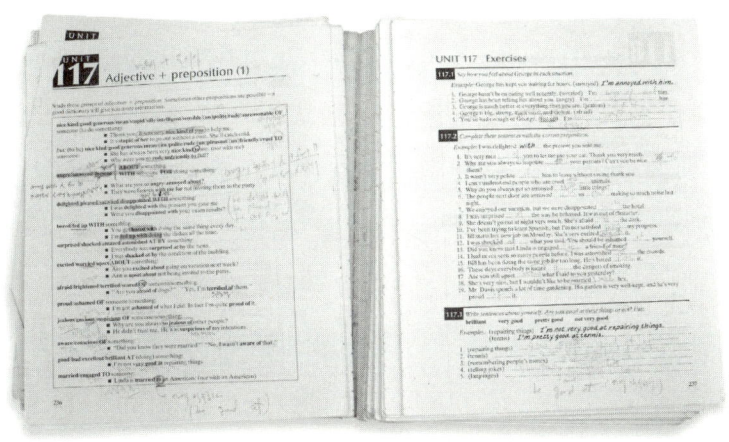

| 책장이 모두 떨어져나갈 만큼 반복해서 본 문법책 |

번 돈으로 연수를 가는 거라서요, 학비 저렴한 곳으로 가려고 해요." 등의 상담을 많이 한다.

　돈을 벌면서 영어를 공부한다는 것, 돈을 절약해서 학교 또는 나라를 선정하는 것은 정말 훌륭한 생각이다. 하지만 내가 안타까운 점은 학생들은 그저 워킹홀리데이나 저렴한 학원만을 눈 빠지게 찾으려 하지 진정 돈을 절약하는 또 다른 방법은 생각하지 않는 것이다.

　아주 단순한 예를 들어보자.

　개똥이와 소똥이는 같은 돈을 내고 3개월 동안 필리핀에 있는 같은 학원으로 연수를 떠났다. 그런데 개똥이는 3개월간 하루에 평균 12시간 공부를 하고 소똥이는 하루에 6시간만 공부했다. 이 둘은 같은 돈을 내고 연수를 왔지만 소똥이 기준으로 보면 개똥이는 공부를 두 배 이상 많이 한 것이니 결국 6개월 공부한 것과 같은 것이고 개똥이는 소똥이보다 최소한 3개월치의 연수비를 절약한 셈이 된다. 이것이 연수를 생각하는 학생들이 꼭 고려해야 할 경제관념이다. 많은 사람들은 한결같이 내게 "아니 말이 돼요? 고작 1년 반 공부해서 그 실력으로 대학원에 입학하다니"라는 말을 한다. 그런데 내가 영어공부한 내용과 교재들을 보여주면 입을 꾹 다문다.

　내가 이 에피소드를 언급한 이유는 사람들에게 보여지는 나는 필리핀에서 1년 공부한 "연수생 쏭"이지 내가 다른 이들에 비해 얼마나 열심히 공부했느냐가 아니었다. 중요한 건 1년이 아니라 1년 동안 얼마나 많은 공부를 했느냐인데 말이다.

내가 연수한 기간인 1년 동안 누가 봐도 내 공부 양은 일반 영어연수생의 공부 양보다 월등히 많았다. 최소한 3배 이상 되지 않을까 한다. 그럼 내 연수기간은 1년일까? 물론 아니다. 얼추 잡아도 3년 이상이다. 내가 말하고 싶은 요지는 남들이 3년 동안 공부할 것을 나는 1년 만에 끝냈고, 그 결과 2년이란 시간을 절약했으며, 이렇게 절약한 2년을 단순한 연수비용으로만 계산해도 3,000만 원이 되는 돈을 절약한 것이다 한 달 연수비용을 120만원으로 가정했을 때.

여러분 통장에 갑자기 3,000만 원이 들어온다면 기분이 어떻겠는가? 연수비의 절약은 저렴한 학원의 선택에 대한 고민도 아니고 페이가 높은 알바를 선택하는 것도 아니다. 연수기간 동안 얼마나 열심히 공부를 하느냐이다. 꼭 명심하자, 과연 진정 돈을 아끼는 방법이 무엇인지 말이다.

❺ 이런 어학연수생, 꼭 실패한다!

★ ─ 학원을 시작하고 그만둘 때까지의 기간이 4년이었다. 지난 4년간 수없이 다양한 학생들을 나는 경험했다. 나이 어린 5살짜리 꼬마부터 60대 노인까지, '영' 자도 모르는 일자무식한 학생부터 나보다 영어를 잘하는 박사님까지 말이다.

나는 학생들과 함께 먹고 자면서 같이 공부를 했다. 그러니 학생들의 심리나 성향 등이 한눈에 보일 수밖에 없고, 내 눈으로 보면 같은 기간을 공부해도 영어가 빨리 느는 학생이 있는가 하면 좀처럼 늘지 않는 학생들이 하나 둘씩 나오기 시작했다. 그리고 영어가 잘 늘지 않는 학생들에게는 공통점이 있다는 것도 알게 되었다. 그런 공통점들이 너무나 가슴이 아파 어느 날에는 학원 로비에 대문짝만 하게 "영어 향상이 더딘 아이들의 특징"이라는 플래카드를 붙이기에 이르렀다.

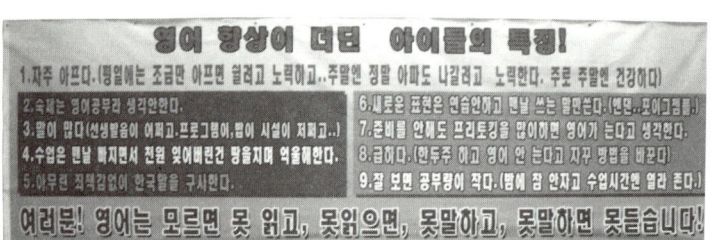

| 학생들을 자극하기 위해 어학원에 붙여놓은 현수막 |

★ ─ 숙제와 영어공부는 별개?

입학을 하면 교재가 나오고 교재는 선생님과 1:1 수업시간에 배운다. 수업을 하면 당연히 숙제가 따르게 되고 수업이 끝나면 학생들은 숙제를 해야 한다. 그리고 다음 날 숙제를 검사받고 고치고 수업을 하고 또 숙제를 받고. 이것이 보통의 학원들에서 하는 수업이다.

그런데 일부 학생들은 이런 얘기를 한다.

"숙제 때문에 제 공부할 시간이 없어요!"

그렇다면 숙제는 영어공부가 아닌가? 물론 영어공부다. 그런데 이런 학생들은 마치 숙제는 숙제일 뿐이고, 진정한 공부는 자기 혼자 자신의 교재를 갖고 공부해야 한다고 생각을 한다.

영어공부는 어떤 교재를 갖고 하느냐가 아니다. 하나의 교재를 처음부터 끝까지 얼마나 열심히 하느냐이다. 그리고 숙제는 끝까지 열심히 공부하기 위한 하나의 과정이다. 이런 학생들의 특징은 한 책을 끝까지 공부하지 못하고 계속해서 교재를 바꾼다. 그러니 제대로 영어공부를 할 수가 있겠는가.

★ ─ 말만 하면 불평불만

학생들을 관리하는 관리자의 시선으로 학생들을 바라보면 유독 불만이 많이 학생들이 있다. 이런 학생들의 특징은 말이 많다. 심지어 몇 일 동안 쉬지 않고 내리는 비를 보고도 불만을 표시할 정도다. 하루 종일 궁시렁 궁시렁 불만을 입에 달고 산다. 물론 문제가 있으면 불만이 있는 게 정상이고 그 불만을 해결해야 하는 것은 학원의 의무다. 그러나 이런 불만들을 자세히 살펴보면 결국 발단은 자기 영어에 대한 실망감이나 짜증에서 나온다는 것이다. 그런 짜증을 선생님에 대한, 시설에 대한, 또는 프로그램에 대한 불만으로 표출한다. 영어를 공부하기 위해 외국에 왔다면 걱정을 해도 영어 때문에, 고민을 해도 영어 때문에, 화가 나도 영어 때문에 나야 한다.

★ ─ 수업은 잘 빠지면서 천 원 잃어버리면 땅을 치며 억울해 한다.

외국에 나가 영어연수를 한다는 것은 외화를 쓰는 일이다. 우리나라 영어연수생이 해외에서 쓰는 돈을 합치면 아마 작은 나라를 하나 살 수 있을지도 모른다. 그러나 이미 연수비용은 달러로 다 지출되어 버렸으니 진정으로 학생들이 외화를 아끼는 방법은 열심히 공부를 하는 방법뿐이다. 일부 학생들은 수업 빠지는 것을 너무나 대수롭지 않게 생각한다. 수업을 빠지는 것은 영어 향상에도 악영향을 미치지만, 아까운 외화를 그냥 버리는 것과도 같다. 그런데 이런 학생들의 특징은 천 원을 잃어버리면 잠을 못 자고 억울해하며 분개한다. 다시 한

번 생각하자. 10여 년 전만 해도 보유하고 있는 달러가 부족해 국가 부도를 맞은 우리나라다. 이런 비극을 생각하면 영어연수자들이 쓰는 피 같은 달러는 정말 아까운 것이다. 그렇다고 연수를 안 갈 수도 없으니 무엇이 외화를 절약하는 길인가를 생각하자. 그것의 시작은 수업을 빼먹지 않는 것부터다.

★── 아무런 죄책감 없이 한국말을 구사한다.

영어연수를 생각하고 유학원에 가서 상담을 받고 몇몇 학원을 추천받으면 학생들이 가장 많이 물어보는 말이 있다.
 "여기 한국 애들 많아요?"
 이런 질문을 하는 이유가 뭘까? 외국에서 영어공부를 하는 만큼 가능하면 한국 학생들이 없는 환경, 즉 한국말을 안 써도 되는 환경에서 공부를 하겠다는 의지이다. 그런데 불행히도 필리핀의 학원들에는 한국 학생들이 많다. 물론 대부분은 학원 내에서 절대 한국어를 사용하지 못하도록 금한다. 나는 한국어를 사용하면 벌금까지 물게 했다. 그럼에도 불구하고 몰래 몰래 한국말들을 쓴다. 스스로 한국말을 안 써도 되는 곳을 찾을 때는 언제고, 또 이렇게 강력하게 한국말을 못 쓰게 하는데 어떻게든 한국말을 쓰려고 한다.
 내가 어학연수생으로 성공한 큰 이유는 한국말을 사용하지 않고 최대한 영어로 표현하려 노력했다는 점이다. 말도 안 되는 콩글리시지만 어떻게든 영어로 생각하고 영어식으로 말을 하려는 것은 정확한 잉글리시를 만들어주는 밑바탕이 되기 때문이다.

★ ― 맨날 쓰는 말만 쓴다

언어를 배운다는 것은 단어 몇 개 외워서 될 문제가 아니다. 우리가 한국말을 배울 때를 생각해보자. 다양한 사회적 경험과 개인의 경험으로 어휘력이 늘어가고 표현력이 늘어가면서 한국말을 배운다. 지금 생각하면 어느 날 갑자기 배워진 것 같지만 사실 많은 시간이 걸리고 많은 노력을 했을 것이다. 단지 그것을 인지하지 못하고 망각했을 뿐이다.

그런데 한국말이 아닌 영어를 배우는 것이다. 평생을 영어와 상관없는 삶을 살다가 몇 개월 영어공부를 하겠다고 학원에서 열심히 공부를 하는 학생들이다. 그것도 수 년이 아닌 몇 개월이다. 그렇다면 의도적으로 영어를 늘려가야 한다.

'for example'이란 숙어가 있다. '예를 들어'라는 뜻이다. 아마 영어연수를 하는 학생들이 하루에 수십 번은 쓰는 숙어이다. 그만큼 이 숙어는 잊기 위해 일부러 노력해도 절대 잊을 수 없는 숙어일 것이다. 문제는 이 숙어 이외에 쓸 수 있는 많은 표현들 for instance, such as

등이 있음에도 불구하고 맨날 'for example'만 쓴다는 것이다. 이 숙어를 이미 익혔다면 의도적으로 다른 표현을 찾아 써야 한다. 스스로의 노력 없이 어떻게 영어가 늘기를 바라겠는가?

★ ─ 프리토킹만 많이 하면 영어가 는다고 생각한다

학생들은 프리토킹에 대한 엄청난 환상을 갖고 있다. 마치 프리토킹만 하면 영어가 많이 는다고 생각을 한다. 그래서 개인 튜터들과 농담 따먹기나 하면서 쉽게 쉽게 대화를 하려고 한다. 이 세상에서 가장 편한 영어수업은 그냥 그렇게 프리토킹을 하는 것이다. 그러나 이 세상엔 공짜라는 것이 없다. 그렇게 쉽게 수업을 해서 영어가 는다면 누가 힘들게 공부하겠는가?

    내가 만난 필리핀의 한 교민은 하루에 1:1 수업을 무려 8시간이나 한다고 한다. 그런데 그분의 영어 실력은 글쎄다. 물론 말은 빠르다. 무엇인가를 자신 있게 얘기한다. 그런데 어순, 어휘, 발음 등 어느 것 하나 완벽한 것이 없고, 잘 들어보면 한 말 또 하고 쓴 말 또 쓰고 있다. 그저 무조건 입 밖으로 뱉어낸다. 그분에게는 죄송하지만 참 없어 보인다.

    만약 프리토킹만으로 영어가 는다면 하루에 8시간을 수업하는 이 분은 유엔총회에서 연설을 할 정도의 실력이 되어야 한다. 그러나 불행히도 6개월이 넘었지만 그분의 영어는 늘 같다. 단지 한 말 또 하고 쓴 말 또 쓰니 속도만 빨라지고 있었다.

　물론 프리토킹이 무조건 부정적인 것은 아니다. 하지만 준비 없는 프리토킹은 발전할 수 없는 한계가 분명히 있다.

★ ― 실력이 안 는다고 자꾸 방법을 바꾼다

영어에는 정도가 없다. 그저 꾸준히 하는 길만이 정도이다. 그런데 불행히도 병원의 환자만큼이나 영어연수생들의 귀는 매우 얇다. 멀쩡한 귀도 학원에만 들어오면 점점 얇아진다.

　앞에서도 잠시 언급했듯 짧은 시간 동안 너무 많은 효과를 기대하고 학생들은 비행기에 오른다. 그러니 처음 한두 주, 한두 달은 괜찮지만 시간이 지날수록 자기만 뒤쳐진 듯싶고, 왠지 자기의 공부 방법이나 교재, 강사 등 모든 것이 잘못되었다고 스스로 판단해버린다. 그러다 옆 친구가 다른 책을 보고 다른 방법으로 공부하고 있으면 자신이 하고 있는 모든 것을 버리고 그 친구를 따라간다. 그렇게 주체성 없이 왔다 갔다 하다 보면 시간은 벌써 몇 개월이 흐르고 실력은 늘 거기서 맴돌게 된다. 자신의 방법이 가장 좋은 방법이라는 믿음, 자신의 책은 최고의 책이라는 믿음, 그것이 효과적인 영어 연수의 가장 기본이다.

★ ― 밤에 잠 안 자고 수업시간엔 꾸벅꾸벅 존다

영어는 누가 어떤 말을 해도 공부 양이 절대적으로 중요하다. 내가 남들보다 알찬 연수시절을 보낸 것은 다른 이들보다 언어능력이 뛰어나서도 더 좋은 선생들이 있어서도 또는 더 좋은 교재가 있어서도 아니다. 그저 남들에 비해 비교가 되지 않는 엄청난 공부 양과 그렇게 공부한 내용을 수업시간에 효과적으로 활용했다는 점이다.

그런데 학생들 중에는 잡일, 예를 들어 밥을 먹으면 무조건 쉬어야 하는 등의 낭비 시간이 많다. 그리고 밤에는 늦게까지 혼자 공부를 열심히 한다. 얼마나 아름다운 모습인가? 학생이 밤늦게까지 공부를 하니 말이다. 그런데 문제는 이런 학생들이 다음 날 수업시간엔 병든 닭처럼 기운 없이 강의실에 앉아 있다는 점이다.

우량한 기업이 위기 때 직원들의 월급을 줄이지 않고 필요 없이 나가는 기타 비용을 줄이듯, 공부 양은 밤에 잠 안 자고 늘리는 것이 아니라 하루 일과 중 쓸데없이 보내는 시간을 잘 활용하는 것이다.

❻ 꼬마들의 무서운 반란

★ ─ 얼마 전 TV에서 한국관광공사 사장이 인터뷰하는 모습을 본 적이 있다. 이참이라는 이름으로 우리에게 잘 알려진 그분은 독일에서 태어난 독일인이지만 국적은 한국 국적이다. 어휘, 문법 등 그분의 한국어 실력은 사실 완벽하다. 한국인 이상으로 글을 잘 쓰고 말을 잘한다. 그런데 이런 완벽한 한국어 실력을 자랑하는 그 역시 한 가지 핸디캡이 있다. 그건 발음이다. 누가 들어도 외국인이 말하는 한국어라는 느낌을 감출 수가 없다.

"아니 당연한 거 아냐? 원래 외국인이잖아. 이 정도만 해도 대단하지."

당연히 대단하다. 그런데 내가 주목한 것은 이 분이 독일에서 25년을 살았고, 한국에서 31년을 살았다는 사실이다. 31년의 한국 생활, 고향인 독일보다 더 오래 산 나라가 한국인데 발음을 들어보면 아직도 어색한 부분이 있다. 30년을 넘게 살았는데 말이다. 그것은 언어를 모국어로 습득할 수 있는 나이인 유아시절을 한국이 아닌 독일에서 지냈기 때문이다.

사람에 따라 조금씩 다르지만 언어학자들은 11~12세 전후가 되면 외국어를 모국어로 받아들이는 능력이 급속도로 떨어지며 성인이 되면 거의 '0'이 된다고 한다. 그래서 영어공부에 있어 유년기는 놓치면 다시 돌릴 수 없는 중요한 시기라고들 한다.

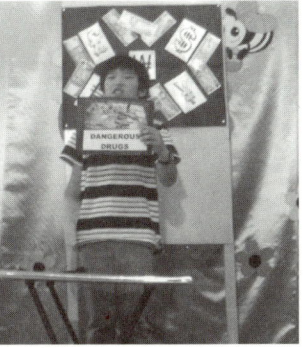

| 아이들에게 영어란 학습이 아니라 순수한 언어다 |

    학위를 마치고 유럽여행을 하면서 프랑스 파리 인근에 있는 한국인 가정집에서 하루를 지낸 적이 있다. 남편이 사업 때문에 처음에는 독일에 있다가 스페인을 거쳐 이제 프랑스까지 왔다고 했다. 그들은 2명의 자녀를 두었는데 큰 딸은 대학생이고 늦둥이 막내아들은 이제 우리나라로 치면 초등학교 3학년 정도였다. 큰 딸은 한국어와 영어는 물론이고, 기본 소통이 가능할 만큼의 프랑스어를 한다고 했다. 그런데 막내아들은 한 술 더 떠 독일어, 스페인어는 물론 프랑스어, 영어, 한국어까지 5개국어를 마치 모국어 사용하듯 구사한다고 했다. '와~ 천재인가?' 라는 감탄사가 절로 나는데, 사실 그 부부는 아들에게 따로 언어 과외를 시킨 적이 없다고 한다. 그저 아이가 동네 꼬마들과 어울리기 위해 스스로 익힌 언어라고 했다. 이것이 꼬마들의 무서운 힘이다. 마치 화선지처럼 떨어트리는 언어의 물감을 거침없이 빨아들이는 것이다.

혹자는 너무 어린 나이에 외국어를 받아들이면 한국어도 외국어도 못하는 꼴이 된다며 걱정을 하지만 그것은 꼬마들의 능력을 몰라서 하는 얘기다. 2개의 언어가 아닌 20개의 언어도 모두 받아들일 수 있는 이들이 꼬마들이다.

실제로 학원을 운영하면서 초등학생들과 대학생들이 영어를 받아들이는 속도를 비교해 보기도 했다. 어느 날 영어교재 테잎에서 나오는 한 문장을 꼬마와 성인 대학생에게 들려주고 그대로 따라해 보라고 성대모사를 시켰다. 꼬마에게 영어는 언어가 아니 소리였다. 뜻도 모르고 아무것도 모르지만 있는 그대로 귀로 받아들여 입으로 내뱉었다. 반면에 대학생은 생각이 많다. 그리고 이미 언어습득 능력이 제로가 되었기 때문에 절대 원어민의 발음을 그대로 따라할 수가 없어 전형적인 한국인 발음이 나왔다. 이렇게 받아들이는 과정 자체가 다르니 성인들은 절대 아이들의 영어를 따라잡을 수 없으며, 그래서 영어 교육의 시기는 빠르면 빠를수록 좋은 것이다.

다시 정리하는 영역별 공부 방법

| 말하기 영역 |

"나는 언제 유창하게 말을 해보나!" 한국인이면 누구나 한 번쯤 해보았을 한탄이다. 스피킹을 잘하기 위해서 가장 신경을 써야 할 부분이 바로 '철저한 준비'다. 스피킹은 내가 하고 싶은 말을 어느 정도 정리한 후 의도적으로 연습을 해야 한다. 할 이야기를 간단히 정리하고 관련 단어들과 꼭 쓰고 싶은 표현을 적어 그것을 바탕으로 연습을 한 후 스피킹에 임해야 한다.

그냥 아무런 생각 없이 즉석해서 하는 스피킹은 스릴과 자신감을 줄지 모르나, 우리가 꿈꾸는 논리 정연함이 묻어 있는 유창한 스피킹을 위해서는 반드시 피해야 할 방법이다. 이렇게 미리 준비를 하면,

1. 말하는 문장에 적절한 어휘를 사용할 수 있다.
2. 삼천포로 빠지는 일 없이 자신이 하고 싶은 이야기

를 간단명료하게 전달할 수 있다.

3. 어휘로부터 자유롭기에 발음에 더 많은 신경을 쓸 수 있다.

4. 한국인이 가장 많이 틀린다는 시제 등의 문법도 정확해질 수 있다.

읽기 영역

문장의 뜻을 이해하면서 읽는 독해는 단어들의 뜻이 결합된 것이다. 그런데 사전으로 단어들의 뜻을 찾았음에도 불구하고 문장 전체의 뜻이나 문단의 요지가 잡히지 않는 경우가 허다하다. 그것은 전체적으로 보지 못해서이다.

한국인이 한글을 읽을 때를 생각해보자. 설령 중간 중간 이해 못하는 어려운 용어들이 있다 해도 전체적인 문장과 문단의 요지를 파악하는 데 전혀 문제가 없다. 그 이유는 모르는 단어 사이사이에 들어 있는 아는 단어를 이용해 전체 요지를 생각하기 때문이다. 물론 그 생각은 대부분 맞다. 왜냐면 그만큼 살아오면서 많은 한국어를 읽었기 때문이다.

독해 공부를 할 때는 어려운 단어, 모르는 단어에 얽매이지 말고 그 단어 주변에 있는 쉬운 단어들을 보면서 전체 내용을 유추하는 연습을 해야 한다. 또 20분 동안 20문장을 읽어야 한다면 한 문장을 1분씩 보지 말고 전체적으로 5분씩 4번을 반복해보는 연습을 해야 한다. 그래야 전체적인 내용을 파악하면서 독해를 할 수 있다.

| 쓰기 영역 |

쓰기는 모방이다. 쓰기에 강한 사람들은 남의 글을 많이 응용한다. 그래서 쓰기를 잘하려면 잘된 글을 최대한 많이 베끼고 익혀야 한다. 또 자신의 문법력은 쓰기에서 모두 드러나기 때문에 쓰기를 잘하려면 문법을 많이 공부해야 한다. 마지막으로, 쓰기를 할 때 자신의 실수에 너무 관대하지 말아야 한다. 그렇게 관대하다 보면 늘 틀리는 부분은 또 틀리게 되는 것이다.

자신이 쓴 글 중 틀린 부분은 보통 선생님께서 고쳐주신다. 이렇게 고쳐진 자신의 글을 눈으로 한 번 훑어보는 것이 아니라 3~4번 반복해 써봄으로써 같은 실수를 안 하도록 노력해야 한다. 이런 식으로 한 가지 주제에 대해 최선을 다해 여러 번 반복하면 자연스럽게 자신의 쓰기에 대한 눈높이와 실력은 향상될 수밖에 없다.

| 듣기 영역 |

듣기는 읽기와 함께 매우 소화하기 힘든 영역이다. 그 이유는 상대방의 의지를 알아야 하기 때문이다. 쓰기와 말하기의 경우는 자신의 의견이기 때문에 막히면 다른 식으로 표현이 가능하지만 듣기와 읽기는 절대 그럴 수가 없다. 그래서 더욱 까다롭다.

듣기의 기본은 단어력과 독해력이다. 즉 리딩과 아주

밀접한 관계가 있다. 그래서 듣기는 반드시 스크립트를 잘 활용해야 한다. 뜻을 모르는 단어는 백 번 천 번을 들어도 그저 의미없는 소리일 뿐이다. 그러나 그 뜻을 이해하는 순간 그 단어가 자신의 것이 되므로 반드시 스크립트와 병행을 해야 한다. 이렇게 한 장 한 장 이해해 나가면 나중에는 자연스럽게 듣기가 완성된다.

※ 듣기의 공부 순서
1. 듣기
2. 스크립트 독해
3. 한 문장씩 반복해 듣기
4. 들으면서 스크립트 보며 따라하기
5. 스크립트 없이 듣기

· Episode in the Institute ·

필리핀 영어는 짝퉁 영어?

많은 사람들이 필리핀에서 영어연수를 하면 짝퉁 영어를 배우는 게 아닌가 하는 걱정을 한다.

내가 학생들을 지도하며 숱하게 들었던 불만들이 "선생님 제 튜터의 발음이 너무 이상해요. 걱정돼요. 혹시 저도 그렇게 되지 않을까요?"였다.

나는 이런 학생들에게 이렇게 얘기한다.

"제발, 제발 부탁이니 방금 말했던 그 악영향 좀 받아주세요. 제발."

영어의 본고장은 영국이다. 그렇게 영국 영어가 표준이라 치면 미국 영어는 사투리인가? 한반도 같은 작은 땅덩어리에서도 전라도니 경상도니 억양이 모두 다른데 전 세계적으로 쓰는 영어가 어떻게 같겠는가?

미국에는 미국 억양이, 싱가포르에는 싱가포르 억양 그리고 호주에는 특유의 호주 억양이 있듯, 필리핀에도 필리핀만의 억양이 있기 마련이다. 단지 미국 억양을 기준으로 보면 'k, p, t' 같은 파열음이 더 강해서 '피아노'가 '삐아노'로 '워터'가 '워떠'로 들릴 뿐이다. 이렇게 필리핀만의 억양이 있는 것은 너무나 자연스러운 일이다. 그런데 이런 필리핀 특유의 억양을 우리는 너무 비아냥거리며 평가절하시킨다. 물론 나도 영어공부를 시작할 때 느꼈던 불만이었지만 이렇게 시간이 지나고 영어를 알다 보니 그들의 억양은 전혀 문제가 되지 않았다. 솔직히 말하면 그들을 비판하는 우리 한국인이 오히려 창피하다. 한국인의 영어발음은 필리핀인의 발음과 비교 상대조차 되지 않기 때문이다. 아마 이런 한국 사람의 불만을 필리핀 사람들이 듣는다면 그것은 운전대 한번 잡아 보지 못한 사람이 옆에서 운전 좀 똑바로 하라고 비아냥거리는 꼴만큼이나 황당해 하지 않을까 싶다.

아마 어떤 한국인이 필리핀인만큼 영어 발음을 구사한다면 정말 영어 잘 한다는 찬사를 한 몸에 받을 것이다. 그런데 불행히도 문제는 학생들이 말하는 그 악영향을 제대로 받는 학생이 거의 없다는 점이다.

★

학생들을 지도하다 보면 최종 연수 목적지가 호주, 캐나다, 영국 등 영어를 모국어로 사용하는 나라이고 필리핀은 기초영어를 다지는 정도의 영어 연수지로 생각하고 오는 학생들이 많다. 사실 호주든 뉴질랜드든 많은 학생들이 다양한 곳으로 가서 더 많은 것을 배워왔으면 하는 것이 내 바람이다. 나 역시도 필리핀과 영국에서 공부를 했으니 말이다. 그러나 한 가지 짚고 넘어가고 싶은 것은 필리핀을 마치 기초생 정도 수준에 맞는 3류 연수지로 간주하는 학생들이 있다는 것이다. 사실 맞는 얘기다. 필리핀에서는 영어가 공용어일뿐이다. 타갈로어라는 모국어가 있고 영어는 하나의 'Official Language'라고나 할까? 그러니 100% 영어를 사용하는 영어 선진국과는 비교가 되지 않는다.

그런데 문제는 우리나라 사람들의 영어 능력이다. 예를 들어 호주인의 영어 능력이 100이라고 가정하자. 이에 비해 필리핀인의 영어 수준은 얼마나 될까? 아마 약 70~80%〈여기서 말하는 필리핀인은 필리핀에서 영어를 가르치는 튜터를 의미한다. 필리핀은 영어교육을 받은 이들과 아닌 이들의 편차가 심하다.〉 정도가 아닐까 한다. 그럼 이에 비해 필리핀에 영어연수를 받으러 가는 한국인들의 영어 능력은 어떨까? 정확한 수치는 아니지만 내 경험에 비추어 보면 20~30%도 되지 않는다. 그렇다면 한국 학생이 꿈꾸는, 즉 목표로 하는 영어의 수준은 얼마나 될까? 현실적으로 절대 50%를 넘지 못한다. 그런데도 마치 고급 영어를 하려면 반드시 영어 선진국으로 가야 할 것 같은 이상한 편견을 가지고 있다.

필리핀은 전 세계 1위의 인력 수출국이다. 여기엔 값싼 노동력만큼 그들의 영어 실력도 한몫한다. 특히 미국 내 외국 간호사 역시 1위 국가이다. 미국 내 간호사로 취업을 하기 위해서는 미국간호사시험RN에 합격을 해야 하고, IELTS라는 영어시험을 평균 6.5 이상 받아야 한다〈스피킹은 7.0 이상〉. 우리나라 간호사들도 많은 분들이 미국 취업을 위해 이 시험을 보는데 스피킹 점수를 보면 두 나라의 영어 차이가 극명하게 갈린다. 우리나라에서 스피킹 7.0을 받는 확률은 15/1,000 정도이기 때문이다. 반면 필리핀의 경우는 약 500/1,000 이상이다. 게임이 될 수 없는 영어 실력 차이다. 이런 상황에서도 유독 우리나라 사람들은 필리핀 영어를 무시하고 마치 필리핀에서는 기초 이상을 배울 것이 없다는 편견을 갖고 있다.

쏭선생의 독종영어
ⓒ 송용진

초판 1쇄 발행 2009년 10월 5일
초판 4쇄 발행 2014년 9월 30일

지은이 송용진

발행인 이진영
편집인 윤을식

펴낸곳 도서출판 지식프레임
출판등록 2008년 1월 4일 제 322-2008-000004호
주소 서울시 서초구 방배동 981-32 봉황빌딩 2F
전화 (02)521-3172 | **팩스** (02)6007-1835

이메일 editor@jisikframe.com
홈페이지 http://www.jisikframe.com
블로그 http://blog.naver.com/jisikframe

ISBN 978-89-960655-4-8 (13740)

- 이 책 내용의 전부 또는 일부를 재사용하려면 반드시 저작권자와 지식프레임 양측의 서면에 의한 동의를 받아야 합니다.
- 파손된 책은 구입하신 서점에서 교환해 드리며, 책 값은 뒤표지에 있습니다.